中华经典现代解读丛书

CONG《ZHONGYONG》KAN CHUSHI ZHIHUI

从《中庸》看处世智慧

顾 易 ◎ 著

暨南大学出版社
JINAN UNIVERSITY PRESS

中国 · 广州

图书在版编目（CIP）数据

从《中庸》看处世智慧 / 顾易著. —— 广州：暨南大学出版社，2020.5（2021.2 重印）
（中华经典现代解读丛书）
ISBN 978-7-5668-2799-9

Ⅰ. ①从⋯　Ⅱ. ①顾⋯　Ⅲ. ①儒家②《中庸》—通俗读物
Ⅳ. ①B222.1-49

中国版本图书馆CIP数据核字（2020）第 048839 号

从《中庸》看处世智慧
CONG《ZHONGYONG》KAN CHUSHI ZHIHUI
著　者：顾　易

出　版　人：张晋升
丛书策划：徐义雄
责任编辑：黄志波
责任校对：刘舜怡
责任印制：周一丹　郑玉婷

出版发行：暨南大学出版社（510630）
电　　话：总编室（8620）85221601
　　　　　营销部（8620）85225284　85228291　85228292　85226712
传　　真：（8620）85221583（办公室）　85223774（营销部）
网　　址：http://www.jnupress.com
排　　版：书窗设计
印　　刷：广东广州日报传媒股份有限公司印务分公司
开　　本：850 mm × 1168 mm　1/32
印　　张：4
字　　数：62 千
版　　次：2020 年 5 月第 1 版
印　　次：2021 年 2 月第 3 次
定　　价：28.00 元

（暨大版图书如有印装质量问题，请与出版社总编室联系调换）

总　序

中华优秀传统文化历史悠久，博大精深，魅力无穷，是中华民族的"根"、中华民族的"魂"，是中华文化自信的源头、活水，也是中华民族的精神力量、文化力量和道德力量。而中华经典是中华优秀传统文化的精华与精髓，蕴含着中华优秀传统文化的精神内核、价值取向、道德标识和文化内涵，读懂弄通经典可以启迪人们的思想，让人们增长智慧、升华境界、受益终身。《易经》《论语》《大学》《中庸》《颜氏家训》等书，我过去虽然也读过，但随着人生阅历的增长，又有新的感悟，这就是经典的魅力之所在，让人温故知新，常读常新。现在，我带着思考去读，广泛地涉猎各种版本，进行比较、审问，加以新的概括，收获就更大了。

　　然而，经典毕竟是几千年前的产物，随着时代的进步，有的内涵发生了变化，就要赋予经典新的内涵并加以丰富和发展，这就需要对其进行"现代解读"。这个"现代解读"，就是习近平总书记指出的进行"创造性转化、创新性发展"，具体来说：一是要"不忘本来"，不忘中华优秀传统文化的根源，珍惜、保护和弘扬中华优秀传统文化，维护其根脉，注入时代精神，使其焕发生机和活力；二是要"吸收外来"，以开放的心态，接纳世界优秀的文化，既不妄自菲薄，也不夜郎自大，取长补短，博采众长，借鉴人类共同的文明成果，展现其强大的生命力和独特的魅力；三是要"面向未来"，着眼于造福子孙万代和永续发展，着眼于中华民族的伟大复兴，为未来的发展夯实根基，提供不竭的精神动力和力量源泉。正是基于以上的认识，从几年前开始，我就着手进行"中华经典现代解读丛书"的写作，至今完成了八本，以后还计划再写若干本。

　　解读中华经典的书籍可以说是汗牛充栋，数不胜数，但大多为分段的解释、考证。此丛书有别于其他经典解读读物的地方在于：一是紧扣中华优秀传统文化的精神标识、道德标识和文化标识。我认为这三个标识集中体现为："天下为公"的社会理想、"天人合一"的生存智慧、"民为邦本"的为政之道、"民富国强"的奋斗目标、"公平正义"的社会法则、"和谐共生"的相处之道、"自强不息"的奋斗精神、"精忠报国"的爱国情怀、"革故鼎新"的创新意识、"中庸之道"的行为方式、"经世致用"的处世方法、"居安思危"的忧患意识、"威武不屈"的民族气节、"唯物辩证"的思维方式、"仁者爱人"的道德良心、"孝老爱亲"的家庭伦理、"敬业求精"的职业操守、"谦和好礼"的君子风度、"包容会通"的宽广胸怀、"诗书礼乐"的情感表达。这些精神和思想，跨越时空，超越国度，富有永恒魅力，仍然具有当代价值，为此，我在写作时不会面面俱到，而是集中于某一个侧面，选择一个主题进行解读。二是观照当下，结合当前的现实生活，以古鉴今，增强针对性，指导生活，学以致用，活学活用。三是力求通俗易懂，经典大多比较深奥难懂，为此，必须用现代的话语进行讲解，用讲故事的方法来阐述道理。

　　"中华经典现代解读丛书"的写作，让我重温经典，对我来说是一次再认知、再感悟、再提高的过程，我不仅增长了知识，更为重要的是修炼了心灵，虽然写作的过程很辛劳，但又乐在其中。由于本人能力、水平所限，本丛书一定存在一些缺陷和不足，期待得到读者的指正。

是为序。

作者于广州

2019年10月8日

目　录

引　言

在古代，《中庸》与《论语》《孟子》《大学》并称"四书"。宋元以后，《中庸》成为学校官定的教科书和科举考试的必读书，《中庸》是"四书"中颇具理论深度的著作，对孔子的中庸之道作了深刻、系统、透彻的学理阐述。

中庸之道可以说是中国人极高的智慧，是中国精神的标识之一，是中国人深层的价值取向和生命智慧，展现了中华民族生生不息的精神底色。中庸之道也是中华民族的美德，是一种高尚的道德情操和行为准则，一个以中庸之道为道德坐标的人，必将是一个大德之人。中庸之道是一种辩证的思维方式和处世方法，让人们跳出形而上学的框框，一个懂中庸之道的人，必然是一个智者、贤者、强者。《中庸》可以说是生命哲学、孔门心法、处世经典。

《中庸》中的一些概念较为深奥，学理性强，思辨深刻，是"四书"中比较难读懂的经典。《中庸》虽然是一门高深的学问，但又充满生存、生活和发展的智慧，对于提升我们的精神高度、道德境界和处世智慧，提高我们的智商和情商，使我们成为一个充满正能量、具有道德修养和睿智的人，大有益处。

　　下面，让我们一起领会《中庸》的思想精要，启悟内圣外王之道与为人处世之方。

第一讲 《中庸》的作者和创作缘起

这一讲主要介绍《中庸》的作者以及作者为何要写作《中庸》等问题，让大家对这一部经典的背景有所了解。

一、《中庸》的作者

关于《中庸》的作者，众说纷纭。但较为一致的说法是，《中庸》的作者是孔子的孙子子思。我倾向于这一说法，主要有如下三个依据：

依据之一是司马迁的《史记》。《史记·孔子世家》："孔子生鲤，字伯鱼。伯鱼年五十，先孔子死。伯鱼生伋，字子思，年六十二，尝困于宋。子思作《中庸》。"孔子的儿子叫鲤，五十岁时就去世了。鲤的儿子叫子思，曾经遇困于宋。子思著述了《中庸》。司马迁对子思的家世及经历作了介绍，符合事实。

依据之二是子思的人格特征与《中庸》所表述的思想是一致的。郭店楚简有一篇《鲁穆公问子思》的文献。其竹简内容如下：

鲁穆公问于子思曰："何如而可谓忠臣？"子思曰："恒称其君之恶者，可谓忠臣矣。"公不悦，揖而退之。成孙弋见，公曰："向者吾问忠臣于子思，子思曰：
'恒称其君之恶者，可谓忠臣矣。'寡人惑焉，而未之
得也。"成孙弋曰："噫，善哉，言乎！夫为其君之故杀
其身者，尝有之矣。恒称其君之恶，未之有也。夫为其
君之故杀其身者，效禄爵者也。恒称其君之恶者，远禄
爵者也。为义而远禄爵，非子思，吾恶闻之矣。"

鲁穆公听了子思的话感到不舒服，对大臣成孙弋
说："假如部下经常指出君王的缺点和错误，谁受得了
啊？"然而，成孙弋却感叹："子思的这段话说得太好
了！那些因为君王的缘故而去卖命的人，是有的；但是
经常指出君王的缺点和错误的，是没有的。因为君王的
缘故而去卖命的人，是贪图死后让自己的子孙得到君王
的封赏禄爵；经常指出君王的缺点和错误的，是远离封
赏禄爵的。为了道义而远离封赏禄爵，（如果）不是子
思，我哪里能听闻这样的话啊！"

从这段对话里，我们可以感受到子思的胆量、勇
敢、直谏、锐利、真诚。在中国的历史上，凡是对君王
阿谀奉承的，绝非忠臣，他们只是忠于一己私利，是
"近爵禄者"。只会偶尔批评其"君之恶者"，也算不上

真正的忠臣。只有常常批评君王过失的，才是真正的、彻底的忠臣，因为他心中装着社稷，没有个人私利，他们是"远爵禄者"，唐代的魏徵就是一个典型的忠臣。

从这个记载看，子思不但思想深邃，而且真诚、坦荡，这种人格特征与《中庸》所讲的"诚"是一致的。

不过，大臣恒称君王之过，也要看对象。魏徵敢于直谏，是因为唐太宗李世民开明大度，假如他碰到一个既爱面子又小气的君王，早就遭受冷遇，甚至死无葬身之地。在现实生活中，恒称己之过者，往往都是自己的亲人、好友，这是出于爱护和真诚。但是，"人爱面子树爱皮"，每个人都是有自尊心的，既要敢称其"过"，又要善称其"过"，讲究艺术、时机和方法，"良药爽口"比"良药苦口"更容易让对方接受。从上面的对话中，我们可以看到子思是一个真诚、率直的人，但这种人未必让人喜欢。

依据之三是子思的《性自命出》与《中庸》中的生命哲学是一脉相承的。郭店楚简有一篇子思写的文章《性自命出》，提出了"性自命出，命自天降。道始于情，情生于性"的观点。这与《中庸》开头讲的"天命之谓性，率性之谓道，修道之谓教"，在内容上有相通之处。简文还论及礼、乐，指出了礼对喜怒哀乐之情的调节、修养，是修身之道，与《中庸》所说的"喜怒哀乐之未发，谓之中；发而皆中节，谓之和"以及"道不离人"的思想也是相同的。

因此，可以说《中庸》的作者为子思。

二、《中庸》的创作缘起

《孔丛子》卷上《居卫》称：子思在宋国，宋大夫乐朔与子思谈学问，他说：著书立说，目的在于教化民众，语言应以"简易"为上。有人故作高深晦涩之辞，是不是太繁难了？

由于子思平时讲学的内容比较高深、抽象，学术性强，乐朔对子思的学问不以为然。子思回答："《尚书》意深辞奥，学者训诂成义，古人所以为典雅。"乐朔仍不认可，说："鲁国城市中的一些小巷子里也有类似你的这种说法。"子思听了很不高兴，回答："道为知者传，如果来讨教的不是知者，便不会将道传给他。你就是这种人吧？"乐朔与子思不欢而散，乐朔认为子思侮辱了自己，遂派人围攻子思。宋国国君听说此事，立刻亲自来解救子思。

　　子思得救后，想到文王当年困于羑里作《周易》、先祖孔子困于陈蔡作《春秋》，自己今困于宋国，能不作书吗？于是着手撰写《中庸》四十九篇。

　　这个故事的真实程度如何，我们已经很难考证。大概是为了证明，大凡经典都是哲人发愤之作，子思效法圣人，故创作了《中庸》。

　　其实，子思创作《中庸》首先是为了继志述事，完成先人的遗愿。孔子虽然提出了中庸的概念，却未对其进行详细阐述，更未使其系统化。更重要的是民众对中庸之德缺乏理解和践行。《论语·雍也》记载："子曰：中庸之为德也，其至矣乎！民鲜久矣。"意思是说："中庸是最高的德行，可惜的是，人们很少能够按照中庸的道德标准处世，这种状况已经持续很久了。"孔子对中庸之道未能在民众中推广、践行感到遗憾。子思是孔子的嫡孙，得于家学，懂得"中庸"之为"至德"的道理，他若是再不说，怕以后再也没人能知道了。这应该是子思作《中庸》的一个原因。朱熹在《中庸章句序》中说："中庸何为而作也？子思子忧道学之失其传而作也。"子思写《中庸》是为了继志述事，践行孝道，把孔子的学问传承下去，并发扬光大。

子思作《中庸》的另一个目的是赋予一个看似世俗的概念以深刻而神圣的哲理，借以提升民众的精神境界，使其转化为民众的实践。同时，也提醒人们不要把中庸简单化、庸俗化。先秦的儒家经典大多缺乏哲学思辨性，但《中庸》也许是个例外。《中庸》之所以难读，是因为这是一部独创性很高、思辨性很强的哲学著作，其中提出了很多哲理性的命题。如《中庸》说："故君子尊德性而道问学，致广大而尽精微，极高明而道中庸。温故而知新，敦厚以崇礼。"朱熹解释道："大抵此五句，承章首道体大小而言，故一句之内皆具大小二意。如德性也、广大也、高明也、故也、厚也，道之大也。问学也、精微也、中庸也、新也、礼也，道之小也。"孔子曾说："下学而上达。"（《论语·子路》）"尊德性""致广大""极高明"，当属上达之事，但它须由"道问学""尽精微""道中庸"的下学之事来实现。子思当年撰写《中庸》一书，是提醒人们不要把中庸简单化、庸俗化，不能仅从现实的视角来理解，还应从超越的视角来理解。在他看来，中庸既现实而又超越现实，不可以将它简单理解为"无过无不及"的折中之道，实际上它还是一种超越的精神境界。今天，我们学习《中庸》不但要从世界观、方法论的角度去理解，而且也要将其作为辩证法去把握，把"上达"与"下学"融会贯通，落实到行动上，从而把这一高深的学问变为日常生活和普通民众的实践，这正是子思写作《中庸》所期待达成的目的。

三、《中庸》思想对中庸之道的体系化

"中庸"一词是由孔子首先提出来的，子思加以丰富和发展，使之成为一个独立的思想体系。孔子在《论语》中有几处讲到"中庸"。

第一处，子曰："中庸之为德也，其至矣乎！民鲜久矣。"（《论语·雍也》）为什么百姓长期以来难以做到中庸呢？子思引用孔子的话回答："知者过之，愚者不及也。道之不明也，我知之矣：贤者过之，不肖者不及也。人莫不饮食也，鲜能知味也。"意思是说：明智的人所做的超过了中庸，愚笨的人所做的未达到中庸。道得不到彰显的机会了，我知道其中的缘故；贤良的人所行超过了中庸，不长进的人所行未达到中庸。人没有不吃喝的，但很少能够分辨滋味啊。

孔子认为，中庸之道衰落的原因有二。

一是"智者过"。这种现象是比较多的。在现实生活中，往往有一些自以为是的"聪明人"，喜欢在别人面前逞能，显示自己与众不同的"才智"，寻求一种鹤立鸡群的虚荣心的满足，做事往往偏激、过火，结果聪明反被聪明误，搬起石头砸自己的脚，自食苦果。为什么智者做事往往会过火呢？这是因为智者思维能力强大，往往会把自己不正确的信念说得更合理，为自己的直觉辩护时花样更多。智者往往会过分自信，其偏见更为顽固，排斥与自己相悖的观点。智者往往会恃才而骄，放纵而不节制，结果必然过火、过度。

"贤者过之"，往往是因为过于相信自己的能力，精于算计，对于中庸不屑一顾，其结果是聪明反被聪明误。《红楼梦》中的贾府管家王熙凤，精明强干，极尽权术善变，残忍阴毒，正如兴儿形容的："嘴甜心苦，两面三刀，上头一脸笑，脚下使绊子，明是一盆火，暗是一把刀。"王熙凤手段毒辣，先是设相思局，害死贾瑞，然后"弄权铁槛寺"，后又逼死尤二姐，最终"机关算尽太聪明，反误了卿卿性命"，众叛亲离，被夫抛弃，下场凄惨。

"贤者过之"的例子还有李斯。李斯原本是楚国上蔡的一个小吏，他通过细心的观察发现厕中鼠和仓中鼠迥然不同的境遇，毅然跑到秦国谋求发展，帮助秦王嬴政统一了六国，出任丞相，权倾朝野。但他迷恋权势，不懂功成身退。秦始皇死后，他与赵高沆瀣一气耍诡计，助胡亥取得了皇位。殊不知遭到心狠手辣的赵高算计，落得了灭族的下场。死到临头，他对身旁的儿子说："我想与你再牵着黄狗，一同出上蔡东门去追逐狡兔，过自由自在的生活，然而永远都不可能了！"李斯的刑场告白，表达了深深的后悔，可惜悔之晚矣！有些所谓"贤者"，往往高估了自己的能力，过分自负、自恋、自骄，不知"物极必反，月满则亏"的道理，一味地追逐名利，殊不知危险已经靠近。还有三国的杨修、明朝的解缙等，他们都是由于聪明过头，反招杀身之祸。

现实生活中，常常可以见到有些有才干、有魄力的人，刚愎自用、武断专横，这种所谓"智者"性格张狂，唯我独尊，下场可悲。

二是"愚者不及"。"愚者"由于智力、德行不足，往往达不到应有的高度、力度、精度，做什么事只能达到五六成的程度，犹如"夹生饭"，做事总是有纰漏，达不到完美的标准，这也是孔子所担忧的。子思认同孔子的看法，认为提倡中庸对广大的民众来说真是太有必要了。

其实，"贤者过之"与"愚者不及"的结果都是一样的，但人们普遍对"愚者不及"持宽容的态度，苛责"贤者过之"。这可能是嫉妒强者和同情弱者的心理使然。

第二处，孔子把是否中庸作为判断君子和小人的标准。子曰："君子中庸，小人反中庸。"孔子未回答为什么，子思作了回答："君子之中庸也，君子而时中。小人之中庸也，小人而无忌惮也。"孔子认为，君子说话行事，奉行中庸之道。正如朱熹所说："中庸者，不偏不倚，无过不及，而平常之理，乃天命所当然，精微之致也。惟君子能体之，小人反是。"子思指出了君子和小人的区别在于"时中"，所谓"时中"就是在恰当的时机做正确的事。"时中"是一种智慧，适时、适事，正如孟子描述孔子那样，"可以仕则仕，可以止则止，可以久则久，可以速则速"，并说孔子是"圣之时者也"（《孟子·公孙丑上》）。子思认为君子之所以能够按照中庸之道行事，是因为他时刻都小心谨慎，遵循中庸的标准，凡事做得恰到好处，避免做得过头或者不够。而小人之所以违背中庸之道，是因为他没有什么顾忌和畏惧，所以做事情常走极端，无所不用其极。

能否恪守中庸之道是判断君子和小人的标准之一，君子与小人有不同的行事风格。君子之所以能做到中庸，是因为拥有博大的胸襟、卓越的见识、远大的目光，关注细微，不偏激，不极端，不专断，不投机，遵循大道，包容众长，顺天应人。而小人恰好相反，只重眼前利益，急功近利，以满足私欲为出发点，胆大妄为，天不怕，地不怕，蛮横霸道，无所不用其极。

宋太宗的宰相吕端是君子的代表，他在小事上糊涂，用宽容的心态待人，处理好上下级关系，但在大事、大局、大节的原则问题上，绝不含糊，清醒理智，是一个践行中庸之道的君子。

小人往往"反中庸"，即反其道而行，无所忌惮，胡作非为，不知道"度"，不懂收敛，不会节制，在其心目中，没有什么神圣的精神、道德规则和法律值得其信仰和奉行，也没有什么原则和底线值得其恪守。唐朝的酷吏来俊臣就是一个典型：

来俊臣倚仗武则天的恩宠，自从担任了左御史中丞之后，骄横跋扈，在短短的几年里，就查抄了一千多家。在审理案子时，每审一人，必定严刑拷打，诱引迫供出数百人，制造冤狱。很多时候，明明是一个微不足道的小案件，他却想尽办法，办成"惊天大案"，连坐犯人亲族，诛杀上千人，满朝文武胆战心惊、噤若寒蝉。后来，来俊臣野心膨胀，竟然将目光投向武氏诸王以及太平公主身上，计谋罗织罪名，将这些人陷害下狱，遭到了武氏诸王和太平公主等人的联合控告，武则天一气之下下令把他斩杀于闹市。

第三处，子曰："吾有知乎哉？无知也。有鄙夫问于我，空空如也，我叩其两端而竭焉。"（《论语·子举》）孔子说："我什么都懂吗？不是这样的。假如一个乡下人来问我，态度诚恳而虚心，我只是就他的问题从正反两个方面详细推敲，然后找到了答案。""叩其两端"，首先是比较鉴别；其次是权衡利弊，做到两利相衡取其重，两害相衡取其轻；最后选择适中的方案，付诸行动。子思在《中庸》中引用孔子的话，赞扬舜是一个有中庸德行的圣王。《中庸》第六章曰："子曰：

舜其大知也与！舜好问而好察迩言，隐恶而扬善。执其两端，用其中于民。其斯以为舜乎。"这里的关键词是"执其两端，用其中于民"。"执其两端"是指权衡、比较、取舍，寻找一个行善的办法。"用其中于民"，这个"中"是指适当，恰到好处。意思是说：舜具有伟大的智慧，喜欢向人请教，又善于考察浅近的言论。对于听来的一切，他隐藏邪恶的部分，传扬善良的部分。他把握事情的正反两端，选择合理的措施，来施行于百姓，这就是舜成为舜的原因吧！朱熹说："盖凡物皆有两端，如大小厚薄之类，于善之中又执其两端，而量度以取中，然后用之，则其择之审而行之至矣。"

第四处，子贡问："师与商也孰贤？"子曰："师也过，商也不及。"曰："然则师愈与？"子曰："过犹不及。"（《论语·先进》）子贡请教孔子："师与商两个人，谁比较杰出？"孔子说："师的言行过于急进，商则稍嫌不足。"子贡说："那么，师要好一些吗？"孔子说："过度与不足同样不好。"

师，是孔子的弟子颛孙师；商，是孔子的弟子卜商，即子夏。孔子认为，"过"并不比"不及"更强，而是和"不及"一样不合中道。又说："柴也愚，参也鲁，师也辟，由也喭。""求也退，故进之；由也兼人故退之。"柴，是孔子的弟子高柴；参，曾参；由，仲由，即子路；求，冉求，即冉有，这些都是孔子的弟子。孔子认为，这些学生各有所偏，不合中行，因而对其品质和德行尚需加以纠正和培育。只要他们能够做到"温而厉，威而不猛，恭而安"（《论语·述而》），就符合中庸之道。

对不偏不倚的论述，《论语》中还有不少。例如："君子矜而不争，群而不党。"（《论语·卫灵公》）"君子惠而不费，劳而不怨，欲而不贪，泰而不骄，威而不猛。"（《论语·尧曰》）这五种道德品质，被孔子称为"五美"。对于仁与礼，孔子也主张以中庸贯之，礼趋于严肃，仁偏于温情，二者相结合，就完美无缺了。孔子要求把中庸运用于为人处世，待人做到"威而不猛"，待物要"子钓而不纲，弋不射宿"，赏乐要"乐而不淫，哀而不伤"，交友要"周而不比"，用人既要"亲亲"又要"尚贤"。孔子在自己的一生中，不折不扣地坚持中庸之道的一贯性，为后人作出表率。

在孔子心目中，过头和不及都不好，唯有无过无不及的"中"最好，因为过和不及是对立的，也就是妨碍事物统一、平衡的两种极端。而中庸则是把握两端，协调对立面，从中找到一个平衡点，兼顾双边共同利益，避免极端。子思在《中庸》中对孔子的思想加以发挥，指出了要"和而不流""中立不倚""刚柔相济"等。

　　我们从《中庸》里可以看到《论语》的影子，中庸的思想源头来自孔子，为此，读懂《中庸》首先要读懂《论语》。

第二讲 《中庸》的内涵、思想基础和核心精神

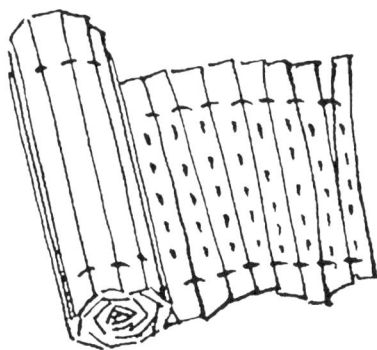

　　什么是中庸？有人把它理解为中立，不做好事也不做坏事；有的认为中庸是骑墙派的"墙头草"哲学，模棱两可地和稀泥，做随意妥协的老好人，凡事不冒头、不冒尖、无原则，是左右逢源、滑头狡诈的处世之道等。还有人对"中""庸"二字望文生义，将"中"理解为"走中间路线"，将"庸"理解为"平庸"。这是一种简单化、片面化的理解，未能把握中庸的核心精神和精髓。

　　我认为可以用三句话来概括中庸的核心精神和基本内涵，即中庸来源于天道人性，也就是中庸遵循了自然规律和社会发展的规律；中庸建立在"诚明"的思想基础之上，"诚明"是中庸的出发点；中庸的最高境界是"致中和"。

一、《中庸》的主要内容

　　《中庸》第一章是全篇总纲。首先指出了中庸是天命、人性、大道和善教。"天命之谓性；率性之谓道；修道之谓教。""天命"中的"命"不是指富贵、贫贱、寿夭等命定内容，而是就个人的禀赋而言，人的禀赋是自然形成的，这就是含有道德内容的性。人人遵循各自的性，在日常生活中，就知道应做什么，不应做什么，这就有了常规，这就是道。从道入手，修饰品节，这就是教化。

其次，强调要"慎其独"。"是故君子戒慎乎其所不睹，恐惧乎其所不闻。莫见乎隐，莫显乎微，故君子慎其独也。"子思从道不可片刻离开引入话题，强调在《大学》里也阐述过的"慎其独"问题，要求人们加强道德自觉，谨慎地修养自己。

再次，指出了中庸的核心精神是"致中和"。"喜怒哀乐之未发，谓之中；发而皆中节，谓之和。中也者，天下之大本也；和也者，天下之达道也。致中和，天地位焉，万物育焉。"在一个人还没有表现出喜怒哀乐的情绪时，心中的道是挺立的，不偏不倚，这是性，所以叫作"在中"，喜怒哀乐总是要表露出来的，但发出来要符合节度，无过不及，这就叫作"时中"，也叫作"和"。如果人人都达到"中和"的境界，整个社会心平气和，社会和自然界很和谐，天下也就太平了。这里讲的中和，实际上就是中庸。前人说："以性情言之，则曰中和；以德行言之，则曰中庸。"这就是对"中庸"内涵的解读。

《论语》第一章具有全篇纲要的性质，即所谓"一篇之体要"。其下十章围绕中庸的标准意义和内涵展开，并阐述其内涵。用朱熹的话来说是"子思引夫子之言，以终此篇之义"。的确都是引孔子的话，反复申说首章所提出的"中和"这一概念。

第十二至十九章以"君子之道，费而隐"为中心，阐述了道不可离。这几章大多讲的是中庸的道德准则，引用孔子的思想加以阐发。如忠恕之道，"忠恕违道不远，施诸己而不愿，亦勿施于人"；反省之道，"反求诸其身"；积德之道，"故大德，必得其位，必得其禄，必得其名，必得其寿"；孝敬之道，"夫孝者，善继人之志，善述人之事"等。

第二十章主要讲修身、齐家和治国之道。首先是讲修身，"为政在人，取人以身，修身以道，修道以仁"；五达道，"君臣也，父子也，夫妇也，昆弟也，朋友之交也"；三达德，"知、仁、勇三者，天下之达德也"。其次提出了治国九经，即"修身也，尊贤也，亲亲也，敬大臣也，体群臣也，子庶民也，来百工也，柔远人也，怀诸侯也"。再次提出了博学、审问、慎思、明辨、笃行的治学原则。

第二十至二十六章，集中阐述了中庸所建立的基础"诚"。

第二十章讲"诚者，天之道也；诚之者，人之道也"。

第二十一章接上章讲"诚"。"诚"就是真实无妄。从诚开始，便具有善，这是先天的性，和圣人对应。而一般人先明乎善，真实无妄，这是后天教育的结果。无论是天性还是后天人为的教育，只要做到了真诚，二者也就合一了。朱熹说："右第二十一章。子思承上章夫子天道、人道之意而立言也。自此以下十二章，皆子思之言，以反复推明此章之意。"

第二十二章是讲至诚与性的关系及其价值，也是讲圣人与天道的关系。

第二十三章是讲善德积累与诚的关系。上一章谈的是圣人，这一章说的是一般的人。

第二十四章是讲至诚的作用和天道相连。东阳许氏曰："至诚前知，亦必于动处见，所谓'几者，动之微'，吉凶之先见者也。圣人知来者如此，非有异也，故为中庸。"（《四书大全·中庸章句大全》）心诚则灵，灵到能预知未来吉凶祸福的程度，强调真诚出神入化的功用。

第二十五章是讲要用诚来成己成物，讲的是人道。真实，是从自然的方面来说，是事物的根本规律，是事物的发端和归宿；真诚，是从人的方面来说，是自我的内心完善。所以，要修养真诚就必须做到物我同一。这叫"合内外之道"。

第二十六章用天地之道，形容至诚的盛美与生生不息，通过历数历代圣人，对圣人之道作了总结。

第二十七至三十二章，主要讲君子应该做到"尊德性而道问学"，进一步阐述了智、仁、勇、孝、礼、谦等道德规范。

第三十三章引用《诗经》证明君子之道的特点及治世作用。此篇由前面圣人之道的高远广博，回归于君子之道，使人联想到前面的"君子之道，辟如行远必自迩，辟如登高必自卑"的入德之路。

《中庸》的内容从天道展开，具体而微、循序渐进地进入人道，谈的是德教的力量与方法，讨论的是天道与人道关系，最后提出了独特的方法论。

《中庸》的内容看起来比较庞杂，然而细细研读，还是存在内在逻辑关系的。

二、中庸的核心是中道的运用

什么是中庸，首先从"中""庸"两字说起。

"中"字的金文为 ，像一面迎风飘扬的旗帜。上下为旗，方框为立中之处。造字本义是对峙的两军之间不偏不倚的非军事地带。篆文为 ，其字形描绘的是一支箭射向靶子的中心。《说文》："中，内也。从口，上下通。"中，事物的内部。从口，上下贯通。

"中"字有内、里之义。柳宗元在《笼鹰词》中写道："草中狸鼠足为患，一夕十顾惊且伤。"意思是说：草丛里狸鼠之类过多而成为祸害，一夜之间我不断受到惊吓。"中"字有"中间""中央"的意思，如"上土闻道，勤而行之；中土闻道，若存若亡"；"中"字还可以作动词，意为适合、正对上、恰好，如"百发百中""中规中矩"；"中"字还有"受到""遭受"的意思，如"中毒""中暑""中风"。

"庸"字的甲骨文为 ，从用，从庚。用，既是声旁也是形旁，是"桶"的本字，表示使用。庚是乐器，会意字，借"使用乐器大钟"会"使用"之意。

《说文》："庸，用也。"本义为使用，如"名有一艺者无不庸""毋庸讳言"。《尚书·大禹谟》："无稽之

言勿听，弗询之谋毋庸。"意思是说：荒诞无聊的话就
别听，没有经过仔细思考的谋略就不要采用。偏是庸的
初文，表示中常之人，后延伸指经常、平常，常用作谦
辞，如"庸虚"言身无所能，胸无所有。"庸"也引申
为平凡、不高明的意思，如"庸庸碌碌""庸言庸行"。
庸才、庸碌、昏庸、庸言，都是对不良的人和行为的评
价。"庸"还有功劳、功勋的意思。"功庸"指功劳、
功绩。

汉代的郑玄在《礼记正义》中对"中庸"作了解释：
"中庸者，以其记中和之为用也；庸，用也。"郑玄认
为"中庸"就是中道的运用。

南宋哲学家叶适也有类似的说法，他说："中者，不
偏也；庸者，大智慧也。"

朱熹《孟子集注》引程子说："中字最难识，须是默
识心通。且试言一厅，则中央为中；一家，则厅非中而
堂为中；一国，则堂非中而国之中为中。"意思是说：
事物皆有自然之中，中也是相对而言的，不同的范围，
中的蕴意是不同的。中，用得最多的词是中正、中庸、
中和，这不但是做人的一种美德，也是人类的最高智慧
和崇高的思想境界，是一个人要努力去学习和实践的处

世艺术。

冯友兰先生对"中庸"的理解，强调一个"度"字和"中"字。他在《理想人生》一文中说："每种人尽他们的职分，亦有一个界限，如不到这个界限的，则即不能满足社会对于这一种事底需要。这个限度即是'中'，合乎这个限度底即是得中，即是中节，不及这个限度底，即是不及。如果一个社会中底各种人，要权利，尽职分，皆合乎中，则此社会，即得到和。"冯友兰先生认为"中庸"是一个人身心健康、社会和谐所应遵守的准则，做到中道、中正、中和就可以达到天、地、人和谐、和美的境界。

三、中庸建立在"诚明"的思想基础之上

《汉书·艺文志》曾载《中庸说》二篇，今传《中庸》只有一篇。自南宋迄今，一些学者认为今传《中庸》可能是将两篇合在一起了，其后一篇的篇题应该叫"诚明"。如南宋王柏即"谓《中庸》古有二篇。'诚明'可为纲，不可为目"。《中庸》从第二十一章开始至第二十六章、第三十二章以较大的篇幅论述"诚"，可见，诚在《中庸》中有十分重要的地位。如果说《论

语》中心是"仁"论,《孟子》中心是"性善"论,《大学》中心是"明德"论的话,那么《中庸》的中心则是"诚明"论。《中庸》关于"诚明"有以下重要论述:

一是强调诚明是天人之道。《中庸》第二十章说:"诚者,天之道也。诚之者,人之道也。诚者,不勉而中,不思而得,从容中道,圣人也。诚之者,择善而固执之者。"意思是说:诚是自然之理,心地真诚是为人处世之理,天生真诚的人不用勉强就能做到,不用思考就能拥有,自然而然地契合大道、顺天应人,能够达到这一境界的是圣人。真诚的人选择美好的目标,并且能够坚定地追求、坚持下去。

为什么说"诚者,天之道也"?这可以从《易经》"乾卦"的《彖》辞看到。《彖》曰:"大哉乾元,万物资始,乃统天。云行雨施,品物流形。大明终始,六位时成。时乘六龙以御天。乾道变化,各正性命,保合太和,乃利贞。首出庶物,万国咸宁。"意思是说:多么伟大啊,阳气的始生!万物因它而生,乃至天主导了天体的运行。它使天空布云施雨,万物开始了生长,在大地上显露出本来的形象。太阳终而复始地运行,把一天的时辰分成六个时间段。乾卦的六爻控制着天体的寒来暑往。天体的运行规律让万物各自安顿本性与命运，万物保存聚合并处于和谐状态，才是有利于坚守的正道。不但创生出万物，而且使普世都获得了安宁。

天是真诚的，"云行雨施"给万物带来了阳光、雨露，让万物各安本性，并处于和谐的状态。人是效法天的，故"诚"也是人之道。"诚"的人道价值也来源于"上天"，因而它也兼有天道和人道两层意义。从天道方面说，"诚者，天之道"；从人道方面说，"诚"是"诚信"之"诚"，偏重于"信"的意义。《朱子语类》卷六载："叔器问：诚与信如何分？曰：'诚'是个自然之实，'信'是个人所为之实。《中庸》说'诚者，天之道也'，便是诚。若'诚之者，人之道也'，便是信。信不足以尽诚，犹爱不足以尽仁。"读了这段话，我们便可以明白，"诚"是天道的属性。"诚"字，是信奉的意思。信奉"诚"，努力使自己接近"诚"的境界，这便是对人道的要求。

二是强调诚明是做人之本。《中庸》第二十一章说："自诚明，谓之性；自明诚，谓之教。诚则明矣，明则诚矣。"意思是说：由内心的真诚而自然地明白道理，这叫作天性；由明白道理后自然地做到待人真诚，这叫作人的教育。内心真诚就会自然地明白道理，明白道理之后也就会自然地做到待人真诚。郑玄解释道："由至诚而有明德，是圣人之性者也。由明德而有至诚，是贤人学以知之也。有至诚则必有明德，有明德则必有至诚。"子思认为，做学问有两种路径：一种是圣人的学问路径，一种是贤人以下的学问路径。圣人是"生而知之"，因为他们天生聪慧，犹如良玉美珠。这种人无待于教，不假修行，率性而为，思想行为会自然合于中道，此即所谓"不勉而中，不思而得，从容中道"，这是"圣人之德"，是天性本有的，也是先天赋予的，所以说"自诚明谓之性"。

那么，世界上有没有这种人呢？谁又是这样的圣人呢？孔子说："我非生而知之者。"又说自己"吾十有五而志于学"，直到七十岁才做到"从心所欲，不逾矩"。那么孔子也算不上是"自诚明"的路径了，所以子思说自诚明的路数过于高远，圣人尚且做不到，更何况普通人？另一种学问的路径，是贤人以下"自明诚"的路数。这类人的思想行为做不到自然合于中道，未免有过或者不及。怎么办呢？唯有"学而知之"，通过"学道"来纠正、提升。其学由教而入，所以说"自明诚谓之教"。达到"诚"境界的人，自然无有不明。由"明"求"诚"的人，也可达到"诚"的地步，所以说"诚则明矣，明则诚矣"。

"诚明"二者的功用其实是相通的，无论是天性还是后天人为的教育，只要做到了真诚，二者也就合二为一了。而只有首先对自己真诚，然后才能对他人真诚，最终达到对这个世界真诚，只有这样，才能更接近中庸之道。

"诚明"的深层意义是从人的行为上说的，即是行为的"真实明白"。一个人可以妄语欺人，也可以伪行欺人，然而这种表面与人亲热而内心怀有敌意与利用之心的人，是人人痛恨的虚伪之徒。一个真正诚实的人，不只是说真话的人，也一定是行为真实、无虚伪之态的人。

1950年12月20日，北大校长蒋梦麟主持召开一次农复会，著名学者傅斯年应邀参会，并安排在会议上讲话。但傅斯年有个习惯，就是讲长话。那天开会，傅斯年滔滔不绝，大有包场的"架势"。假如任其讲下去，其他人就没有发表意见的机会了。这里，蒋梦麟不客气地打断他的话说："孟真（傅斯年，字孟真），你说得太多了，停止吧！"傅斯年听后停止了讲话。会后，有人觉得蒋梦麟有失礼貌。蒋梦麟回答说："不要紧，我们是老朋友，只要真诚，老朋友是不会生气的。"

事实正是如此，正因为蒋梦麟真诚、率直，面对朋友的缺点，敢于直言不讳地提出批评，看似不通人情，其实也是一种厚爱。

三是强调诚明是尽人之性。《中庸》第二十二章说："唯天下至诚，为能尽其性；能尽其性，则能尽人之性；能尽人之性，则能尽物之性；能尽物之性，则可以赞天地之化育；可以赞天地之化育，则可以与天地参矣。"意思是说：只有天底下最为真诚的人，才能充分地发挥自己的天赋本性；能够充分地发挥自己天赋本性的人，就能充分发挥众人的天赋本性；能够充分发挥众人天赋本性的人，就能够充分发挥世间万物的天赋本性；能够充分发挥世间万物天赋本性的人，就可以帮助天地培育生命；能够帮助天地培育生命的人，那么他也就可以与天地并列为三了。

诚明不但是天地之道，而且是人的本色、本性和品质，有了这种本性，就能尽物之性，并能参天化育。著名文学翻译家、钱锺书的夫人杨绛就是一个诚明之人。

当年有篇文章这样写道：国庆前夕，钱锺书拒收了国宴的请柬。来人问："我能不能回去说，钱先生病了。"钱锺书回答："不，我没有病，我身体很好，但我不去。"文章这样写自然是为了赞扬钱锺书刚正不阿、高风亮节。然而，对这样的写法，杨绛不以为然，她说："当时，钱锺书受邀参加国宴，锺书的确有病去不了。"杨绛面对旁人过度拔高钱锺书的行为，"不虚美"，不仅体现了自己的涵养和学识，而且体现了真诚。

四是诚明能化育万物。《中庸》第二十三章说："其次致曲，曲能有诚。诚则形，形则著，著则明，明则动，动则变，变则化，唯天下至诚为能化。"意思是说：那些比圣人次一等的贤人，他们致力于某一件事情时，能够从很小的善事做起，以真诚之心去做每一件小事，那么真诚就会从他的言行举止里表现出来，从言行举止里表现出来就会被众人看见，被众人看见就会逐渐显著，显著了就会发扬光大，发扬光大就会感动他人之心，感动了他人之心就会引起人心的改变，人心有了改变就能够化育万物。只有天底下最真诚的人才能够化育万物。

如果一个人有至诚之心，那么至诚之心就会在他的言语行动中体现出来，然后越来越显著，越来越为人所知。而显著之后就会进一步将"诚"发扬光大，发扬光大之后便可以让其他人感受他至诚的光芒，"诚"便能够化育天地万物。

我们常常把"变化"当成一个词来用，但这两个字是各有意义的。所谓"变者，化之始；化者，乃变之终"，也就是说，变化是一个漫长的、从始到终的过程。"变"是有痕迹的、有参照对象的，可感受、可触摸的过程；"化"指的是大化无形、了无痕迹，是一个渐进的、不知不觉的过程。我们经常说一些修养很高的人达到了化境，就是说这些人的修养已经达到了无痕迹的至诚境界。

宋朝虽然是个重文抑武的朝代，但也是个人才辈出的朝代，如司马光就是一个文采出众、德行高洁的至诚君子。

　　司马光自幼聪颖异常，再加上深受其父的影响，年仅20岁的他便考中进士甲科。然而，他却未因此而自满，反而更加谦虚，立志以仁德建功立业，并一直朝这个方向努力。

　　宋神宗即位之后，他重用王安石，并实行了一系列新政。司马光与王安石竭诚为朝廷之心虽然是一致的，但是在具体政治理念上却有所不同，司马光多次上书反对王安石实行的新法。

　　司马光在与王安石的争斗中未能得胜时，选择了回避和退让，而不是伺机报复和恶意中伤。虽然也曾有人劝司马光弹劾王安石，却被司马光一口回绝了，并呵斥那人："王安石他也是一心为国，并不是为了一己私利，我为什么要弹劾他呢？"由此也可看出其耿直、忠诚的一面。

　　正如朱熹所言，司马光为人忠信、孝顺、谦恭、俭朴，本性正直纯良，更因其诚心于自然，为国为民鞠躬尽瘁，所以才会受天下人的爱戴，无愧于至诚君子之称。

　　《中庸》第三十二章总结了"诚"的意义："唯天

下至诚，为能经纶天下之大经，立天下之大本，知天地之化育。夫焉有所倚？肫肫其仁！渊渊其渊！浩浩其天！苟不固聪明圣知达天德者，其孰能知之？"意思是说：唯有天下最诚的人，才能掌握治理天下的大纲，树立天下最根本的道德，知晓天地化育万物的道理。除了至诚还有什么可依傍的呢？至诚的人，他的仁德是那样诚恳！他的思想像潭水一样深沉，他化育万物的胸襟像蓝天一样广阔！假如不是确实具有聪明睿智通达天德的人，又有谁能够知道这个道理呢？

那么，怎样才能做到"诚明"呢？我认为要心诚、意诚、言诚，从而实现成己、成人、成物的目标。

第一，要心诚。《说文》："诚，信也。"《增韵》："诚，无伪也，真也，实也。""诚"的本义为真心诚意，如"诚心诚意""以诚待人""开诚布公"。"诚"的表现是行为忠于心。"诚"作为一种行为，是由一个人的心地、心态决定的，"诚"者不骗人、不自欺，真实无妄，忠于本心。

邵先荣是一位裁缝，19岁那年他带着一把尺子和剪刀，来到北京闯荡，手艺做出了名，既给普通百姓也给一些政要们做衣服。有一次，一个外国客人带了一块料子到他店里来，料子是在英国买的，非常精致。邵先荣量了一下尺寸说："我尽可能用剩下来的布给你做一个马甲。"那个外国客人一脸惊讶，不敢相信是真的。邵先荣说："这面料很贵重，你如果先来咨询一下我的话，我肯定不会让你买那么多。不过，既然你已经买了，我就要让这个面料的利用率最大化。"有人说："别人来做衣服，多下来的布一般都归店里所用，而且那么贵重，你怎么不留下？"邵先荣说："不能，我是手艺人，我要把手艺展示给人家，得到我应该得到的加工费，而不是从其他方面来做文章；做人最起码的要求是诚信，行为要忠于自己的心。"

邵先荣之所以成就那么大的事业，被广为赞誉，得益于他直面本心的真诚，坚持自己的原则，对得起自己的良心。一个人想要获得成功，就必须做到"内不欺己，外不欺人"，这是为自己打造形象、树立声誉的砝码，如果行为都不忠于内心，那么难免会被人看出虚情。占人一丝便宜，别人定会对你保持十分距离。因此，与人相交，忠于心，诚于行，人必誉之。

第二，要意诚。俗话说，"心诚则灵"。"诚"是专心、专一、忘我，因此往往会产生神奇的力量，出现超常的现象。这就是所谓的"精诚所至，金石为开"。诚能通神，不但人会有感应，动物也会有感应。

《列子》卷二中记载了这样一个故事：有一个喜欢海鸥的孩子，每天早晨到海边与海鸥一起玩乐，有些海鸥也喜欢落在他的身上。他的父亲知道了这件事，对他说："明早你抓来一只给我玩玩。"他答应了。第二天早上他到海边，海鸥在他头上飞舞，却不落下来了。

可见，心思隐微之处，连禽鸟都会觉察，那能不为人所觉察吗？所以圣贤教人做人要诚信，不要自欺欺人。

《后汉书·蔡邕传》记载了这样一个故事：蔡邕通晓音律，早年在陈留时，邻居请他赴酒宴，他来到主人门前，听到有人在里面弹琴，听了一会儿转头就走。有人报告主人说蔡君来到大门口又回去了。蔡邕一向为乡里人所尊重，主人听说他离开，马上追出来问其缘故。蔡邕说您请我饮酒听琴，我怎么听到琴音中含有杀声呢？主人感到很奇怪，便问琴师。琴师解释说：刚才弹琴时，看见一只螳螂在捕蝉，蝉要离去而未飞，螳螂在后面动作缓慢，琴师的心动了一下，怕蝉飞走了，螳螂捕不到蝉。琴师问：这是不是"杀心"反映到琴音中了？蔡邕说：正是这样。

这个故事说明，人心一动，便有反映，不可欺人，更不可欺天、欺鬼神。

古人云："以诚感人者，人亦诚而应。"真诚不但能感动天地，而且也能感动他人，以诚立世，取信于人，就能产生巨大的感召力，产生神奇的力量。

第三，要言诚。"诚"字由"言"和"成"组成，这就是说，要"言必信，行必果"，这是成功的必要条件。同时，诚实是成功之人必备的道德品质。"诚"字从"成"，表示有如一个成年人说话那般，斩钉截铁、铿锵有力、落地有声，说真话、说实话。

1966年11月，一位意大利记者采访了朱德。记者问："在您的一生中，对您影响最大的书是《毛主席语录》

吗？"朱德不假思索地回答："不！是《识字课本》。"
记者又问："您一生中最大的遗憾是什么？"朱德颇为内
疚地答道："我没能侍奉老母，在她离开人世的时候，我
都没在床前端一碗热水。"记者再问："您想在您身后
留下什么样的名誉？"朱德言出脏腑："一个合格的老
兵矣。"

从这个简短的对话中，可以看到朱德是一个多么诚
实的人。

第四，要行诚。诚的表现是信，"诚信"两个字是
连在一起的。诚实是人最宝贵的品格之一。对一个人来
说，诚信是做人之本。对一个政府来说，诚信则是治理
之基。诚，不仅仅是说说而已，关键是落在行动上，只
有实实在在地行动，才能取信于人。历史上商鞅变法
"立木取信"的故事也说明了这一点。

商鞅颁布新法时，为了取信于民，在都城南门外立
了一根三丈木杆，并张贴布告：谁能把木杆搬到北门，
赏金十两。老百姓看了布告都不敢相信，谁也不动。商
鞅又下令：把木杆搬到北门者，赏金五十两。这回有人

动心了，真的把木杆搬到了北门，商鞅当众赏了他五十两，树立了威信，得到老百姓的信任。商鞅以此昭示新法的严肃性，使得百姓不敢怠慢新法。

由此可见，诚实不但关系到人际关系的和谐，还关系到治国安邦的大事。

第五，要成己、成人、成物。《中庸》第二十五章说："诚者，自成也；而道，自道也。诚者，物之终始；不诚无物。是故，君子诚之为贵。诚者，非自成己而已也。所以成物也。成己，仁也；成物，知也。性之德也，合外内之道也，故时措之宜也。"意思是说：真诚是自我的完善，道是自我的引导。保持真诚，万物的结束与开始都会如实进行。没有真诚，无一物可以存在。因此之故，君子非常重视使自己成为真诚之人。做到这样的真诚不是止于成就自己，还要成就他人、成就万物。成就自己，显示了仁德；成就万物，显示了明智。这两者都是本性所有的能力，是把外在的途径与内在的途径合起来说的，所以要配合时机作适当的处置。

"诚"从诚心出发，首先可以成就自我，但仅仅成就自我是不够的，还要成就他人，进而成就世间万物，从"小我"变为"大我"，达到"无我"的境界，当然，这是比较高的要求，但也需要努力去实践。

　　台塑集团的王永庆从经营米店起家。有家工厂从他的米店进米，因为熟悉了，对王永庆送来的米便不再称重，只数袋子，因为都是标准的40公斤装。有一次，工人送米回来，王永庆发现秤有问题，送出去的米会缺斤少两。他立即安排人装上些米到工厂去，亲自向厂长道歉："实在对不起，秤的问题没及时发现，导致给您的米斤两不足。我现在派人再送些米来补足，并保证以后再也不会发生这样的事情。"厂长怎么也想不到王永庆会这样做，当即握着王永庆的手说："老弟，只要我的工厂存在一天，我决不到第二家米店购米。"

　　王永庆对他人真诚，反过来也成就自己。这说明诚是利己利人的，是秉持中道带来的好处。

四、中庸的最高境界是"致中和"

　　中庸在儒家学说中是一种很高的境界，那么到底什么是中庸呢？宋代理学大家朱熹解释："中者，不偏不倚，无过不及之名；庸，平常也。"

从总体上看，儒家的中庸理论是以中和观念为理论基础的。所谓"和"即事物的和谐状态，是最好的秩序和状态，是最高的理想追求。

作为最高价值、优良品德和追求的目标，中庸理论提出了和睦夫妻、和合家族、顺和邻里、和谐社会、天人合一等价值观念。孔子说："礼之用，和为贵。"认为为政应"宽以济猛，猛以济宽"，和以治国。

"致中和"包括"中"与"和"两部分。

"中"主要是指对人们内心的要求——"中立而不倚""喜怒哀乐之未发"。要想回归人原本的善念，就要不抱一丝后天形成的偏见、成见和情绪看问题，心态纯正而不陷入执着之中。

可见，传统文化谈到的中庸是天知、地知、自己良心知的心性修炼。而不是现在所谓的八面玲珑、左右逢源，谁也不得罪。

"和"主要是指对人们行为的要求——"和而不流""发而皆中节"。孔子认为君子在世俗之中，在与他人交往中，既不能行为失常，又不能同流合污，事事都不能走极端。君子不做"素隐行怪"的事，在人群中不显山不露水，谁也不知道君子内心修炼到什么境界，君子自己却要内心"遵道而行"，一生无悔，不因看不到效果而"半途而废"，孔子认为只有"圣者"才能做到。

"中和"就是互济互补，互相印证，达到互动、结合、统一、和谐的状态。

那么，怎样才能达到"致中和"的境界呢？

第一，要以共生、共荣为道。"和"字从禾从口，"禾"代表自然界，"口"代表人。《周易·中孚》："鸣鹤在阴，其子和之；我有好爵，吾与尔靡之。"意思是说：一只鹤在树荫下鸣叫，它的好伙伴声声应和；我有好酒，想与你一起享用。在声音上，这是鸟类之间的相互唱和；在画面上，这是一幅生态和谐的美好图景，让人陶醉于大自然的美妙之中。"致中和"是求同存异，在利益差异中找到最大的公约数，既是在对立中找到平衡点，也是相互之间的节制和让步，还是一种和谐共处。过去的一段时期我们漠视自然规律，以"人类中心主义"作为处世准则，掠夺自然，破坏自然，最后又遭受了自然的惩罚。在发展生产中，不顺应自然，而是去改造自然，围海造田，开山造田，结果导致了生态的大破坏，物种大幅度减少，甚至有些物种灭绝了。清洁的水源、清新的空气，成为当代人稀缺的资源，这可以说是一种悲哀。人与自然万物只有共生共荣，才能达到和谐的境界。

第二，要以共赢、圆融、包容为法。孟子说："天时不如地利，地利不如人和。"一个人要获得成功，时也，命也，人也。"和"字可视为由"千""人""口"组成，千人一口，同声相应，同气相求。"和"与"龢"是同一个字。"龠"是一种管乐器，"侖"中有三"口"，"三"为众，意为多个出气发声之口，众口齐鸣，莺歌燕舞。"龢"指多人一同吹奏乐器，节奏一致，旋律和谐。把它延伸到人和事，则是和睦、和顺、祥和。要实现人与人的和谐相处，首先要有共赢意识，形成利益共同体，由于目标同向、利益共享，自然也就和平相处了。相反，假如利益的获得是建立在对他人掠夺的基础之上，必然出现争夺、反抗，矛盾就会越演越烈。华为的成功，其中最重要的一条秘诀是建立利益共同体，管理层和员工均有股份，风险共担，利益共享，激发了每一个人的创造力和责任感。其次是圆融，这就是中道，"同中存异，异中求同"。同一件事情，由于每个人的立场、利益、视角不同，看法、意见也有差别，这就要博采众长，寻求共识、共生之道，这样才能化解矛盾和对抗。最后是包容，大家熟知的《将相和》的故事就说明了这个道理。每一个人都有自己的个性、优点和缺点，用包容忍让取代针尖对麦芒，就能和谐相处。

第三，要以平和、均衡为策。一个人要想延年益寿，就必须气血调和、阴阳平和。"和"是人体健康的标准。传统医学把健康的人称为"平人"。"平人"是指气血调和的健康人。中医理论认为，阴阳平衡、五脏调和是人体健康的标志。在诊断方法上，以平静的呼吸、平稳的脉搏和脉象作为判别病症的依据。在治疗上，以调和为主要手段，虚则补之，实则泻之，以使人体获得平衡，恢复健康。一个健康的人必须心平气和、性情中正、从容淡定、节制欲望、劳逸结合，过"致中和"的生活。

第三讲　中庸之道的当代价值

中庸之道是中国人的人格特征和品质，中国人提倡勤劳、善良、谦逊、不偏激、不走极端、不好斗，追求富而好礼、温而厉、恭而泰、刚而柔、方而圆，主张做事适度，因时、因地、因人制宜，审时度势，通权达变，力求恰如其分。当下，中庸之道对于我们处理国与国之间、人与人之间、人与自然之间的关系仍然具有现实意义。

一、中庸是一种大道

什么是大道？大道就是自然和人类社会的发展规律。中庸揭示了天道人性，是我们必须遵循的规律。

《中庸》开篇就说："天命之谓性，率性之谓道，修道之谓教。""喜怒哀乐之未发，谓之中；发而皆中节，谓之和。中也者，天下之大本也；和也者，天下之达道也。致中和，天地位焉，万物育焉。"意思是说：上天赋予人类的自然禀赋叫作"性"。遵循这种禀赋行事，使之符合自然规律叫作"道"，按照自然规律修身养性，提高自己的道德修养，并用自身形成的德行影响、感化周围的人，这就叫作"教"。人人都有喜悦、愤怒、忧伤这些情绪，在没有受到外界激荡的时候，这些情绪就没有表现出来，它们蕴藏在人的内心之中，这种状态就叫作"中"。当受外界激荡，需要表现这些情绪时，如果表现得恰到好处，那么，这就叫作"和"。所谓"中"，就是内心平静、无所偏向，这是世间万物的规律；所谓"和"，就是适度，这是全天下人都必须遵守的准则。如果一举一动能够完全符合"中和"的标准，也就达到了"和谐"的境界，那么，天地万物都会各得其所、无所偏倚，万事万物都会按照自身规律生长繁衍。

首先，中庸是由天命决定的。在这段话里，子思首先指出了人性根源于天命，中庸也来自天命，天道创造和承载着宇宙万物的生命，规定着宇宙万物的秩序。从根本上说，奉行中庸之道，也就是奉行上天的好生之德、生生之道。中国自商周以来，有一种"天命"神学观。那时人们普遍认为，"天"或"上帝"是天地间最高的神圣主宰，具有一种不可知的力量，所以人们对"天"或"上帝"保持着敬畏之心。"天命"就是"天"或"天帝"的命令或安排。《中庸》告诉人们，人类的本性（人性）也是天所"命"。《中庸》反复强调，不要以为"天"或"天帝"无声无形，其实"他"

是一种真实的存在，"他"高高在上，时时监视着人类。"天"或"天帝"赋予了人类以德性（本性），人类应该珍惜它、守护它、敬重它，要"莫见乎隐，莫显乎微"。

"天"是依照自身的规律运行的，其运行的准则是"中和"。如一年四季，春发、夏长、秋收、冬藏；一日一半白天，一半黑夜；五行，金、木、水、火、土相生相克。"天"赋予了人类和万物以自然的禀性，顺天则昌，逆天则亡。"中和"首先是要与"天""和"，与自然和谐相处，要敬畏自然、顺应自然。20世纪50年代，我们曾经提出过"人定胜天"的口号，围海造田，毁林种稻，结果受到了大自然的惩罚。近代以来，随着科技的进步，人类逐渐滋生出征服自然的错误观念，认为人是宇宙的中心，自然只是人类的从属物，我们完全可以控制和征服自然，于是无节制地滥用自然资源，导致某些资源或生物的匮乏和灭绝，进而导致全球气候的异常。

中庸之道认为整个宇宙是一个圆融、有序的统一体。人要遵从自然，顺应自然规律。《中庸》曰："致中和，天地位焉，万物育焉。"意思是说：在中庸之道的指导下，人类与天地万物能够共生共存、相互协调。儒家心目中的物质世界不仅是物理、化学意义上的物质世界，而且是一个包括人在内的富有生命力，生机盎然，既有物质又有精神的有机融合的世界。"天道"与"人事"是相互融合、统一的，两者的共生共荣超越了两者的对立冲突。即人与自然是合二为一、融为一体的。

中庸的天命观体现了"天人合德"的思想，一方面要保护自然"天道"，另一方面也要满足"人事"的需求，使这两方面从冲突达到"致中和"的双赢状态。

天命还有一个意思，就是时势，即人类社会发展规律。时势就是历史发展的大趋势，《中庸》曰："君子而时中。""时"就是时机、时代，"中"就是恰当。"时中"，就是在适当的时机做适当的事。比如随着通信技术的发展，互联互通和移动通信成为时代的潮流，改变了信息的传播方式和人际交往方式，那么，人也应适时而变。正如孙中山先生所说："世界潮流，浩浩荡荡，顺之则昌，逆之则亡。"天命赋予人类自然的性命，同时也赋予人类必须承担的使命。

苏轼是中国文化史上罕见的天才，不仅诗、书、画三绝，而且在水利、医学、佛学等方面均有很深的造诣。但是，这位文化大师却生不逢时，就在他踏入仕途不久，朝廷因王安石变法分裂成新、旧两党，政治生态急剧恶化，朝政波诡云谲。苏轼做人有抱负，做官有主见，不愿附和别人，这种坚持正义的品格在朋党之争中却是两面不讨好，所以，他一生三遭贬谪，饱经磨难。如果是一般人，也许会意志消沉，或者自暴自弃，但苏轼则不然，在这样坎坷的为官经历中，他取得了了不起的政绩。

虽然命运坎坷，他仍然创作了一系列彪炳千古的名作，如《念奴娇·赤壁怀古》《水调歌头·明月几时有》《卜算子·黄州定慧院寓居作》《定风波·莫听穿林打叶声》《前赤壁赋》等。这些诗篇酣畅淋漓地展示了他的乐观精神、旷达襟怀、执着信念。

到了晚年，苏轼更加达观知命，宠辱不惊。1094年，他被贬往南荒之地惠州，在瘴疠的恶劣环境中，他写下了"日啖荔枝三百颗，不辞长作岭南人"的乐观诗句。1097年，他被贬往海南儋州，在那穷山恶水之地，他坦言："我九死一生，能到海南一游，乃平生最大快事。"把贬谪之辱说成"奇绝冠平生"。

苏轼以中庸之道处世，练就了一颗淡定超迈的平常心，气定神闲地看待官场的沉浮得失，涵纳人生的悲欢离合。尽管仕途坎坷、人生失意，但他不会放弃自己的为官责任。他率性而为，不谄附、不苟阿。可为则为，否则随遇而安；待其可为，则不失其志。所到之处以造福民众、畅达情怀为乐，处处怡然自得。

在中庸中，中是道的大成。中代表中国的人文哲学，是中华的密码，大道之体是仁爱、友善、宽恕、平和，大道之用是唯精唯一。中国诸子百家都推崇持中的观点。阴阳家握其要，以不阴不阳谓之中，持中不偏谓之要。佛家修大至，以不生不灭谓之中，修道中脉谓之至。儒家则把中发挥至极致。孟子说："孔子不得中道而与之，必也狂狷乎！"狂者勇于进取，但行为有所不掩；狷者守节，但应进而退。二者均未得中道，得中道者，行为气节，进退得宜。

有一句民谚云："帆只扬五分，船便安；水只注五分，器便稳。"五分即一半也。中庸是一种练达知度的生活哲学，如"一张一弛""劳逸结合""水至清则无鱼，人至察则无徒"。清代学者李密庵有一首《半字歌》，半者，中也，读来令人耳目一新。

《半字歌》云：

看破浮生过半，半之受用无边；半中岁月尽幽闲，半里乾坤宽展。

半郭半乡村舍，半山半水田园；半耕半读半经廛，半士半姻民眷。

半雅半粗器具，半华半实庭轩；衾裳半素半轻鲜，肴馔半丰半俭。

童仆半能半拙，妻儿半朴半贤；心情半佛半神仙，姓字半藏半显。

一半还之天地，让将一半人间；半思后代与沧田，半想阎罗怎见？

饮酒半酣正好，花开半时偏妍；帆张半扇免翻颠，马放半缰稳便。

半少却饶滋味，半多反厌纠缠；百年苦乐半相参，会占便宜只占半。

《菜根谭》里说："天地寂然不动，而气机无息稍停；日月昼夜奔驰，而贞明万古不易；故君子闲时要有吃紧的心思，忙处要有悠闲的趣味。人生太闲，则别念窃生；太忙，则真性不见。故君子不可不抱身心之忧，亦不可不耽风月之趣。"中庸之道即中正不偏，经常可行之道，既是自然之道，也是人伦之道。在现实生活中，有些人不懂中庸之道，喜欢走极端，态度偏激，方法缺乏分寸，结果往往伤人又伤己。

二、中庸是一种大德

中国的先贤认为中乃"道之柄、德之枢"。孔子说："中庸之为德也，其至矣乎！"要懂得持中万和的道理，培养立中布德的能力，播撒善的种子，待人处世关键在于有德。

子思在《中庸》中对儒家的道德思想和规范加以传承和发展。这主要表现在以下四方面：

一是倡导忠恕之道。《中庸》第十三章中说："忠恕违道不远，施诸己而不愿，亦勿施于人。"意思是说：能做到尽心尽力的忠与推己及人的恕，就距离道不远了。凡是不愿意加在自己身上的事，就不要加在别人身上。

二是倡导反求诸身。《中庸》第十四章中说："在上位不陵下，在下位不援上；正己而不求于人，则无怨；上不怨天，下不尤人。"意思是说：处在上位，却不会欺压下属；处在下位，却不会攀缘上司。端正自己而不要求别人，就不会有任何怨恨。对上不抱怨天，对下不责怪别人。这个看法表现了一个君子的风骨，不媚上欺下，不贪功诿过，也不怨天尤人，凡事多从自身找原因，多换位思考，充分表现了一个人的境界和气量。

三是倡导修道以仁。《中庸》第二十章中说："取人以身，修身以道，修道以仁。仁者，人也，亲亲为大；义者，宜也，尊贤为大。"意思是说：选拔人才要看他的言行，修养言行要看他是否走正道，修养正道要看他是否仁德。所谓行仁，就是做个好人，以亲爱自己的亲人为重；所谓行义，就是行事要适当，以亲敬贤德的人为重。以仁德处世，要从亲爱家人开始，进而亲爱他人，这说明儒家很重视血缘的天然关系，注重人情、人性和人伦。

四是倡导刚毅勇猛。《中庸》第二十章中说："人一能之，己百之；人十能之，己千之。果能此道矣，虽愚必明，虽柔必强。"子思在这里强调笃行，知行合一，善于行动和实践。别人一次能办到的，我就算一百次也要办到；别人十次就能办到的，我就算做一千次也要办到。如果采取这种方法，再怎么愚笨的人也一定会变得明智，再怎么柔弱的人也一定会变得刚强。这表现了坚忍不拔的精神，不达目的决不罢休的气概。此外，还有孝老爱亲、敦厚崇礼、宽裕温柔、齐庄中正、文理密察等观念，所有这些都是中华民族的传统美德和丰厚的道德资源，对于我们修身养性、提高道德素养仍然有积极的意义。

三、中庸是一种大美

中庸体现了中国传统美学思想和审美情趣。首先，中庸表现为中正之美。这一点在中国建筑中得到了充分的体现，许多传统民居都是方正、对称的，如北京"四合院"、潮汕民居"四点金"，皆方正、大方、稳重、对称。其次，中庸表现为中和之美。"中"字一线中分，左右平衡，体现了一种和谐对称之美。从美学的视角看，"中和"是儒家的最高审美标准。中庸之道主张执两用中，注重对中和之美的追求。在做人方面，君子应有"中和"的美德，"文质彬彬，然后君子"。在音乐欣赏方面，要"乐而不淫，哀而不伤"。《乐记》把"中和"作为音乐的审美标准，认为"中和"是音乐的本质，以"中和"为美，"乐者，天地之中和也"。在儒家思想的影响下，"中和之美"成了中国历代艺术家推崇的审美标准。儒家认为审美的本质在于和谐，艺术的本质在于"中和"，在于"温柔敦厚"，儒家思想中所谓的"和谐"主要体现了一种中正、中和、均衡、和合、协调的特征。人类的根本追求、文化的根本追求、美学的根本追求都在"和谐"二字。正如宋玉笔下的大美人东家之子，"增之一分则太长，减之一分则太短，著粉则太白，施朱则太赤"（《登徒子好色赋》），这说明适中、中和是一种美的标志。最后，中庸体现为"节制之美"。中庸讲求适度、节制，不走极端。做人最难达到的境界是节制、自律。人性的弱点是张扬、释放、享受，追逐物质、追逐名利往往是一种本能，而节制则需要理性、境界和智慧。许多人本来有才干、有魄力，前途远大，但最终还是成为欲望的俘虏，财迷心窍，利欲熏心，人性扭曲，走上了邪路。培根曾经说过：顺境所需要的美德是节制，逆境所需要的美德是坚韧。中庸告诫我们要适可而止，知足常乐，知耻则止。

四、中庸是一种大法

中庸主张对于对立的"两端"采取"致中和"的方法，防止斗争双方矛盾的激化，促进矛盾的转化，应使斗争双方达到平衡与协调。我们处理问题时常常要权衡利害，两害相衡取其轻，就是"中"。"中"就是去除偏激，选择正确的方法，它体现的是端重沉稳、守善持中的大气魄，宽广的胸襟，以及"一以贯之"的坚定信念，这是处世的大法和最高水平。中庸之道是一种科学的、辩证的方法。"致中和"体现了对立统一的规律，对立的双方经过调和可以达到统一，任何事物都有转化的可能，都不是零和博弈，而是可以实现双赢或者多赢。"适度"体现了从量变到质变的规律，事物的发展都有一个"临界点"，超过了"临界点"就会造成质变，"适度"就是恰到好处，过度和不及都不可取。

中国的中医中药是中国传统文化的代表之一。中医的"中"字，首先是指中医是中国特有的，其次也揭示了中医核心的诊疗方法是"持中""致中和"。《黄帝内经·素问·生气通天论》云："阴平阳秘，精神乃治。"中医认为要达到健康的状态，就必须阴阳平衡，身体处于平和的状态。而实现平和状态的方法是"出入升降"。《黄帝内经·素问·六微旨大论》云："故非出入，则无以生长壮老已；非升降，则无以生长化收藏。"为此，"实则泻之，虚则补之"，使之阴阳平衡，五脏六腑平和，获得身心健康。

五、中庸是一种大智

《中庸》有一句精辟的话叫"极高明而道中庸"，"极高明"就是大智慧。这种大智慧首先表现为适度、适时、适势、适地、适人，就是在正确的时间做正确的事，清醒地对人对己，恰当地处世。在现实生活中，要做到如此，其实并不容易，智者做到的是恰如其分，这种大智慧是一种超越和创新。中庸要求"执其两端，而用其中"，这不是机械的调和，而是新的优化组合，是对"否定之否定"规律的运用。在国与国、人与人之间的竞争中，有人采取了追赶的战略，这虽然体现了不甘人后、奋勇争先的勇气，却并非中庸之道。因为正如马拉松长跑，你往前跑，人家也在跑，在明显落后的情况下，追赶不但要加倍努力，而且需要很长时间。中庸则给我们提出了"超越"的办法，即不是"弯道超车"，而是"换道超车"，选择自己的优势，抢占制高点，出奇制胜，这正是创新的思维。

人类社会的发展是一个不断积累的过程，后人总是在前人的基础上不断进步。对于个人来说更是如此，做科学研究，搞艺术创作，都需要广泛吸取已有的先进工艺和方法，推陈出新，从而形成自己的风格和特色，创造新的样式。

叶天士是清代著名医学家，十二岁时随父亲学医，父亲去世后，他行走江湖，家贫难为生计，便开始行医应诊，同时拜父亲的门人朱某为师，继续学习。他聪颖过人，闻言即解，一点就通，加上勤奋好学、虚心求教，见解往往超过教他的朱先生。叶天士熟读《内经》《难经》等古籍，对历代名家之书也旁搜博采。他不仅孜孜不倦，而且谦逊向贤；不仅博览群书，而且虚怀若谷，善学他人长处。他信守"三人行，必有我师焉"的古训，只要是比自己高明的医生，他都愿意行弟子礼拜之为师；一听到某位医生有专长，他就欣然而往，必待学成后始归。从十二岁到十八岁，他先后拜过师的名医就有十七人，其中包括周扬俊、王子接等著名医家，无怪乎后人称其"师门深广"。由于广采众长，他在医术上突飞猛进，不到三十岁就医名远播。

从另一个角度看，庸为广用，普通人也有过人之处，都能发挥独到的作用。人不可貌相，海水不可斗量，每个人都有着他人不可替代的专长，这是对个性的尊重，也是生命的独特意义。

　　赵国有个学者名叫公孙龙，许多人慕名而来拜他为师。一天，有个衣衫褴褛的人走上前对他说："请您收我做徒弟吧！"公孙龙打量了那人一番，问道："你有何本领？"那人回答："我有一把洪亮的声音。"公孙龙问弟子道："你们当中有没有声音洪亮的？"弟子回答说："没有。"于是公孙龙便收那人做徒弟。其他弟子窃窃私语，还暗暗地嘲笑道："声音洪亮有什么用？"过了几天，公孙龙有事要到燕国去。他们来到一条大河前，却见不到岸边有渡船，只有一艘停泊在远远的对岸。公孙龙着令新弟子施展其技，新弟子欣然答允，便大喊一声。不久，那艘渡船就划过来，载他们过河去了。

　　有一句警句说得好，人才只不过是用在对的地方，庸才大都是放错了地方。许多人看起来很平凡，但往往都有一项专长，只是潜质未被发现和激发出来。因此，要想做一个不平庸的人，不仅要被伯乐发现，也要有自信和勇于表现的努力。

第四讲　中庸的处世准则

　　儒家非常重视个人的道德修养，以"内圣外王"的标准去要求自己。为此，儒家以中庸为原则，提出了为人处世必须遵循的道德情操和准则。这些情操标准还是比较高的，主要是对自身的要求，属于修身的内容。

　　《中庸》把"德"放在极高的地位，指出"大德必得"："子曰：'舜其大孝也与！德为圣人，尊为天子，富有四海之内，宗庙飨之，子孙保之。故大德，必得其位，必得其禄，必得其名，必得其寿。'"我们都知道，舜是一个孝子，其德行达到了圣人之境，为此，他被尊为天子之位，拥有四海之内的一切财富。有宗庙来祭祀他，有子孙来继承他。因此，大德者有四得，即得到高位、得到厚禄、得到名声、得到长寿。古人认为天命有德者，所谓"天降下民，作之君，作之师，惟曰其助上帝宠之"。有德之人，如有天助，会得到上天的宠爱。有德者以仁爱施之于民，必得人心，得人心必得其位，有了位，自然能享厚禄。俗话说，大富靠德，中富靠智，小富靠勤。大德也会带来大富。有德者心志平和、心情愉悦，必然健康长寿。为此，孔子说："仁者寿。"据说舜活了一百一十岁。

古人云，亡德而富贵者，谓之不幸。一个人没有道德，却空有富贵，这样堕落起来，就像箭一样快，还不如清苦生活，少造恶业。所以我们要懂得建立自己的道德，建立道德不是为了别人，而是我们自身健康的需要、长生的需要、人生有名望的需要。

孙思邈在《千金要方》中说："道德不全，纵服玉液金丹，不能长寿。道德日全，不祈寿而寿延，不求福而福至，此养生之大经也。"所以养心是养什么呢？就是养德，就是养一颗清净心、仁爱心、宽容心。

那么，中庸提出的处世准则是什么？主要有如下几个方面：

一、慎独自省

中庸要求持中正，守中道。而要做到这一点，必须从自身做起，处理好自律与他律的关系。因此，中庸提出的第一个处世准则是"慎独"。

《中庸》第一章说："是故，君子戒慎乎其所不睹，恐惧其所不闻。莫见乎隐，莫显乎微，故君子慎其独也。"意思是说：因此之故，君子对于他没有见过的事也戒惕谨慎，对于他没有听过的事也担心害怕。然后，隐蔽的事变得最清楚，细微的事变得最明白。因此，君子在独处时特别谨慎。

慎独的这一准则首先是要求自律、自我约束，尤其是在一个人独处的时候，更应该谨慎地进行自我反省、自我约束、自我教育、自我监督。其次是自觉，无论何时何地，始终如一地约束一个人的言行，特别是在别人听不到自己讲话的地方也要十分谨慎，不说违背道德的话；在别人看不见自己所为的地方，也时刻恪守中庸之道，做到至诚、至仁、至善、至圣，坚持慎独自修的原则。不做"两面人"，不能"人前是人，人后是鬼"。坚持这一原则，其乐无穷，其用无穷，其功无穷。

慎独是儒家强调的处世原则、修养方法和精神境界。学会慎独，做到慎独，其实没那么容易。一个人要做到表里如一、知行合一、明暗如一，不经一番修炼是难以做到的。那么，如何做到"慎独自修"呢？大致有如下几个方面：

一是诚敬认真，真心实意。慎，从心，从真，这就是说，心地真诚、认真，行动自然就慎言、慎行。《尔雅》说："慎，诚也。"心真，就是用赤诚的心去待人处世。

人称"布衣宰相"的范纯仁，是北宋名臣范仲淹的儿子。虽然有位当大官的爹，但范家子弟们从不以官二代自居，为人处世谦虚谨慎，生活中更是勤俭节约。范纯仁在洛阳为官，与司马光是好朋友。一日，范纯仁来到司马光府中做客，司马光并没有刻意准备，只以粗茶淡饭待客，酒也只喝一两杯而已。

范纯仁感慨地说："像你这样用俭朴的方式招待朋友，我很喜欢，这样多好啊。"范纯仁最后说："朋友贵在交心，不是用在吃喝上，为人真诚坦率不是更好吗？"司马光深有同感地说："是呀，朋友相处就应像你我这般真诚坦率，没有功利心才好。"后来，范纯仁倡议成立"真率会"，崇尚节俭，杜绝铺张浪费，真诚为人，坦率做事，一度成为美谈。

二是防微杜渐，慎微慎小。慎，从心，这个心是细心、小心，即注重细微事端之意。古今凡有作为、铸大业者，无不始于慎微，成于慎微。韩非子说："千丈之堤，以蝼蚁之穴溃。"一个小小的漏洞，会导致长堤的崩溃，说明了慎微的重要性。

　　理查三世和亨利准备最后决战，胜者将做英国的王。开战的前一天晚上，理查派马夫准备好自己最喜欢的战马，马夫为马钉好三个掌后，发现没有钉子来钉第四个掌，马夫说："我需要点时间砸两个钉子。"理查说："我没有时间了。"结果第四个掌很不牢靠。两军交锋，理查冲锋陷阵，鞭策士兵迎战敌人。突然，一只马掌掉了，战马跌倒在地，理查也被掀翻在地。亨利的部队看到理查跌倒，士气大振，掩杀过来，理查的大军溃败。理查绝望地喊道："马，一匹马，我的军队失败，就因为一个马掌钉！"

　　所谓"慎重则必成，轻发则多败"，一个马蹄铁上的一个钉子，本是初始条件中十分微小的要素，但后期却演变为一场战争成败的关键。

　　因此，一个明智的人一定要防微杜渐、慎微慎小。慎微，要正确识"小"。"大节"与"小节"，从来都是相互统一、互为依存的。古人云："不矜细行，终累大德"，"道自微而生，祸是微而成"。一个人小处不可随便，要坚持从小事做起，并在持之以恒的积累中日臻完善。慎微，要管得住"小"。"小"表现在很多方面，比如个人的爱好是人的天性，或好琴棋书画，或好花鸟鱼虫，或好游山玩水等。这样的"小事"管好了，可以锤炼操守品行。但一旦与权力相结合，恣行无忌，不加控制，便容易出问题。

慎微，要自纠"恶小"。"恶小"即小缺点、小错误。防止犯大错误，就要从自觉纠正小缺点、小错误做起。比如喝点小酒、打点小牌、钓点小鱼、贪点小利等。对类似的"小节"，有些官员缺乏应有的重视、足够的警惕，认为区区小事，无伤大雅，不足挂齿。其实并不然。错误不论大小，都是错，倘若马虎草率，放纵细枝末节，往往会酿成大错，小问题变成大问题。慎微，要勤为善"小"，勿以善小而不为。"小事"不小，小事连着大事，对小事的态度体现了一个人的修养和境界。

三是慎终如始，善始善终。慎，从心，这颗心是恒心。许多人一开始是谨慎的，不敢放纵自己，但要做到慎终如始，往往有点困难。老子在《道德经》中讲："其安易持，其未兆易谋，其脆易泮，其微易散。为之于未有，治之于未乱。合抱之木，生于毫末；九层之台，起于累土；千里之行，始于足下。为者败之，执者失之，是以圣人无为，故无败，无执，故无失。民之从事，常于几成而败之。慎终如始，则无败事。"老子在这里强调，在做事的过程中，自始至终都要保持谨慎，做到善始善终。历史上，汉武帝、唐玄宗这些古代帝王，早年间文治武功，成就了丰功伟绩，但到了人生的后期，无一不老年昏聩，犯下了严重的错误。

郭沫若在《甲申三百年祭》中讲到明末农民起义失败的教训时，强调了慎终如初的观点。李自成最初起义的十几年间，身先士卒，连《明史》都称赞他"不好酒色，脱粟粗粝，与其下共甘苦"，以致"饥民从自成者数万"。三年间，李自成率军以摧枯拉朽之势，破洛阳、克襄阳、夺西安、入北京，推翻了明王朝。但令人遗憾的是，紫禁城"新主人"只知"慎初"而忘却"慎终"，"进了北京以后，李自成便进了皇宫。丞相牛金星所忙的是筹备登基大典，招揽门生，开科选举。将军刘宗敏所忙的是搜刮赃款，严刑杀人。近在肘腋的关外大敌，他们全不在意"，"似乎都沉沦进过分的陶醉里去了"，居安不思危，把当初为民造福的宗旨忘得一干二净，岂有不败之理？

在中国历史上，岂止是李自成农民起义军未能"慎终如初"？远者，被司马迁誉为亡秦有"首事"之功的陈胜，"少时尝与人佣耕"，但他在建立农民政权后，"为王沉沉者"，骄傲信谗，诛杀故人，与起义群众的关系日益疏远，最终落得被人杀害的下场。所谓"一日得失看黄昏，一生成败看晚节"，很多时候，从功臣到罪人往往只有一步之遥，正因为慎初而未能慎终，才导致一失足成千古恨。

四是警惕"第一"，不忘初心。千里之行，始于足下。凡事开头难，开局良好，成功一半，在人生的道路上要把握好第一次。"慎始"早已成为古人修身养性的重要方式。《礼记·经解》："君子慎始。差若毫厘，谬以千里。"《左传》："慎始而敬终，终以不困。"荀子说："君子敬始而慎终，始终如一，是君子之道，礼仪之文也。"程颐说："万事皆有初，欲善终，当慎始。""一念之欲不能制，而祸流于滔天。"苏轼说："其始不立，其卒不成。"如此等等，说的就是初之不慎，后患无穷；既能慎始，务必全终。

古时一位官员坐轿进城，天刚下过大雨，一个穿了新鞋的轿夫怕把鞋弄脏了，开始时总是小心翼翼，择地而行。后来，一不小心踏进泥水里，把鞋弄脏了。此后，他便不再顾惜新鞋，迈开大步走开了。这名官员悟出一个道理："倘一失足，将无所不至。"

这个故事告诉我们，人一旦"踩进泥水坑"，心里往往就放松了戒备。反正"鞋已经脏了"，一次是脏，两次也是脏，于是便有了惯性，从此便"不复顾惜"了。罐子碎了第一次，就不怕再碎第二次。反复多次，必然千疮百孔，一堆碎瓦。人若一念之差，有了第一次，再跑偏就有可能轻车熟路。第一次失足就像一根刺，长此以往，可能会使人的心智麻木。把好第一关，防微杜渐，守住第一道防线，防一念之差而误入歧途，防一时冲动而失去理智，防一步不稳而跌落泥坑，防一蚁之穴而毁掉长堤。要自觉做到环境再变，心灵不能浮躁；诱惑再多，步子不能乱套。当一些"投其所好"和"可乘之机"纷至沓来时，切记要把住"慎初"关口；当不期而至的歪风浊浪迎面袭来之时，切记要"浪击身不斜，沙打眼不迷"；当自己刚刚萌发非分之想时，切记理智地思考，瞻前顾后，左掂右量，三思后行。

《淮南子·人间训》中说："圣人敬小慎微，动不失时。"翻开史书可以看到那些功成名就、善始善终的人，无一不是在小事小节上防微杜渐、谨言慎行。如"一钱太守"刘宠、"二不尚书"范景文、"三汤道台"汤斌、"四知先生"杨震、"五代清郎"袁聿修，都是在慎微慎小上保持了晚节，从而立于不败之地。

20世纪60年代，毛泽东同志因为两条香烟的开支惴惴不安："中国不缺我毛泽东一个人吃的花的。可是，我要是生活上不检点，随随便便吃了拿了，那些部长们、省长们、市长们、县长们都可以吃了拿了，那这个国家还怎么治理呢？"不虑于微，始呈大患；不防于小，终亏大德。为此，习近平总书记指出："加强自律关键是在私底下、无人时、细微处能否做到慎独慎微。"

只有严格自律，守住"缺口"，才能筑牢大坝，也只有警钟长鸣，才能居安思危，保持清醒的头脑，守住底线。

二、和而不流

中庸讲的"和"是求同存异，不要求千篇一律和完全一致，允许不同的观点和思想的存在，强调对"不同"给予融合和包容，从而达到和谐的状态。人生活在社会中，生活在一个团队中，如何与他人和谐相处、协力同进是一门艺术。中庸告诉我们在处理人与人之间的关系时，要遵循"和而不同"的准则。但"和"并不是无原则的和，而要做到"和而不流""中立不倚"，就是要在独立的思想、风骨与人格的前提下，达到"和"的境界。

《中庸》第十章，子路请教孔子，什么才是"强"，孔子问是南方所谓的强，还是北方所谓的强。孔子说南方所谓的强是宽大柔和，对无理横逆的人不去报复。南方人的性格比较柔和、宽容，孔子认为是强的表现。北方的强是以兵刃甲胄为卧席，即便战死也不遗憾，这是北方的强。这种强实际上是勇猛、刚强。这也是北方人的性格使然，北方人的性格比较刚烈。但这些都不是君子的强。真正的强是："故君子和而不流，强哉矫！中立而不倚，强哉矫！国有道，不变塞焉，强哉矫！国无道，至死不变，强哉矫！"矫，指刚强貌，强哉矫，是由强刚而显得出众。意思是说：君子要做到：与人和谐但不会同流合污，这样的强是卓越！立于正道而毫不偏倚，这样的强是卓越！国家上轨道时，不改变昔日未通达时的操守，这样的强是卓越！国家不上轨道时，到死也不改变自己的原则，这样的强是卓越！

和而不流是以"和"作为出发点。西周时期的史官伯阳父认为世间万物都是由金、木、水、火、土等性质不同的元素融合产生的，若将相同的元素放在一起，就不会有任何新生物的产生，这就是所谓"和实生物，同则不继"，宇宙万物的存在都是"和"，不是"同"。"和"不是随波逐流，不是做"墙头草"，在日常生活中，不人云亦云，坚持独立思考，对上不盲目附和。

和而不流是求同存异的实践和运用。求同，就是寻找共同点、共同的思想与利益，这是不同力量之间能够和谐共处和合作的基础。存异，就是保留不同意见、主张与利益，不求同一，这是民主的力量。求同存异既建立起不同力量之间的合作关系，又保证了不同方面的不同利益和要求，从而保证了各方面合理的关系。多元性、多样性促成丰富性，只有"百家争鸣"，才有"百花齐放"。所以，求同存异是和而不流的运用和发展。

在所有的朝臣中，武则天最信任的大臣是狄仁杰，狄仁杰并不因为武则天是皇帝就事事附和，凡是对的就赞成，凡是错的则敢于据理力争。

武则天信佛，有一次要造一尊大佛像，费用高达百万两银子。因国库无钱，武则天便下了一道诏书，让僧侣们每人每天节约一文钱以襄助此事。

狄仁杰觉得武则天的做法欠妥，于是上书说："工程是由人干的，不能靠鬼神；财物不是上天赐给的，而是土地生产的。虽说是让僧侣襄助，那也必会转嫁到百姓身上，如今边境不太平，国家应少向百姓摊派，宽省民力。"武则天觉得狄仁杰说得有理，建造佛像的事情也就作罢了。

狄仁杰从社稷安危和百姓福祉出发，对上不一味地奉迎求和，而是敢于表达自己的意见，这才是真正的"和而不流"。

三、忠恕宽容

人与人相处，有时难免有误解和分歧，要想维持友好的关系，就必须有宽容的胸怀和态度。为此，《中

庸》提出了"忠恕宽容"的处世准则，这一准则要求
人们将心比心、互相谅解、互不损害、体仁而行、并
行而不相悖。这一原则分别见于《中庸》第十三章和第
三十章。

　　《中庸》第十三章说："子曰：'道不远人。人之为
道而远人，不可以为道。'《诗》云：'伐柯伐柯，其则
不远，执柯以伐柯，睨而视之，犹以为远。故君子以人
治人，改而止。忠恕违道不远。施诸己而不愿，亦勿施
于人。"意思是说：道是不能离开人的。一个人追求道
时，若是脱离了人生，那么，他所追求的就不可能是道
了。《诗经·豳风·伐柯》说："砍削斧柄，砍削斧柄，
它的式样不在远处。手握斧柄砍削树木来做斧柄，应该
说不会有什么差异，但如果斜着眼睛看，两者还是有一
段距离。"所以，君子以好人为式样来治理别人，只要
他能改正错误，实行道就可以了。一个人能做到尽心尽
力的忠和推己及人的恕，距离道就不远了。凡是不愿
意施加在自己身上的事，就不要强加在别人的身上。

　　"忠恕"这一思想源于孔子，曾子将其加以发挥。
《论语·里仁》记载孔子告诫曾子的话："吾道一以贯
之。"别的学生问曾参，这是什么意思。曾参说："夫子

之道，忠恕而已矣。"曾参说孔子的思想核心是忠恕之道，即"己所不欲，勿施于人"。"夫仁者，己欲立而立人，己欲达而达人。能近取譬，可谓仁之方也已。"所谓"能近取譬"就是将心比心，即忠恕之道的具体实施。"忠恕"是《中庸》的一个重要概念，也是孔子推崇的一种优良品德。有一天，子贡问孔子："有没有一个字，可以一辈子照它去做？"孔子毫不犹豫地回答："那就是'恕'吧！"什么是"恕"，孔子把它概括为"己所不欲，勿施于人"。这就是将心比心，理解宽容。

　　子思在《中庸》中继承并发扬了孔子的忠恕之道，进一步提出了"以人治人"，要求人们用爱自己的心去爱他人，用责备他人的心来责备自己，用自己的真诚忠恕去感召人、感化人、塑造人。只要坚持忠恕之道，人们就会相安无事、和平共处。

　　中华民族历来崇尚忠恕之道，把忠恕作为君子之风。唐代孟郊说："君子量不极，胸吞百川流。"宋代林逋说："和以处众，宽以待下，恕以待人，君子人也。"清代史襄哉说："君子有容人之量，小人存忌妒之心。"那么，怎样做到忠恕宽容呢？大致包含如下几个方面：

　　一是如人之心。在篆文中，"女"和"心"构成了

"恕"字，无独有偶，"子""心"为"忞"，古代通"信"字。由此看来，在古人眼中，无论是男人还是女人，都可以有一颗能宽容、讲诚信的善良之心。宽恕的本质是爱，而爱是化解一切矛盾纷争的良药，让世界变得更美好，所以佛家说："宽恕是世间最宝贵、最好的礼物。"孟子说："人皆有不忍人之心……无恻隐之心，非人也；无羞恶之心，非人也；无辞让之心，非人也；无是非之心，非人也。恻隐之心，仁之端也；羞恶之心，义之端也；辞让之心，礼之端也；是非之心，智之端也。人之有是四端也，犹其有四体也。"孟子是人性善论者，认为"四心"就像人先天具有胳膊和腿脚一样。他认为凡是一个真正意义上的人，都应该是一个有善心、仁慈的人。如果一个人没有任何同情心，那么他只能是一只冷血动物；如果一个人没有任何羞耻之心，那么他与猪狗没有任何区别；如果一个人没有辞让之心，那么他与强盗没有两样；如果一个人是非不分，那么他是一个愚蠢的人。"恕"字非常清楚地告诉我们，一个真正意义上的人，必须有恻隐、羞恶、辞让、是非之心，否则与动物没有区别。

20世纪80年代初，路遥拎着一个装满书籍资料的大箱子，深入铜川矿务局鸭口煤矿体验生活，那段时间，他一直借宿在煤矿工人老李家中，一来二去，路遥和老李一家熟络起来。一天，路遥外出一个月回来后痛苦地发现，自己一部分手稿被老李当作引火料给烧了。老李知道自己做错以后，更是追悔莫及。回到窑洞，冷静下来的路遥急忙安慰老李："烧就烧了吧，那些东西我自己也不满意，箱子里的资料都还在，我正准备推倒重写呢！没事，没事，今晚咱俩就为那些手稿能够浴火重生痛快地喝一杯吧！"老李顿时转忧为喜，当晚两人尽兴大醉。后来，路遥向朋友谈及此事，爽朗地说："煤矿上生活燃料紧缺，手稿被误烧了，过失何必让不知者承担。老李为了让一家人能吃上熟食，没有什么过错！"

路遥辛苦写成的手稿被房东老李当作引火材料烧掉了，尽管他很生气，但还是选择了宽恕，收获了一份真诚的友谊，这正是路遥有修养的表现。孔子说："恭则不悔，宽则得众。"生活中，对他人多谅解、多宽容，才不会招致他人的怨恨，这也是人际和谐的"润滑剂"。

二是如己之心。这就是孔子所说的"己所不欲，勿施于人""己欲立而立人，己欲达而达人"。自己不愿意的，就不要强加给别人，自己希望达到的目的和要实现的愿望，也要帮助别人达到。孔子认为，我们做人一辈子都应该尽力做到有同理心、同情心，要用自己的心去理解、同情别人，去感受、同情别人。

有一天孔子要出门，天阴了，眼看就要下雨，但他没有伞。这时一个弟子说："老师，子夏有伞，您可以向他借。"孔子教导这个弟子说："你知道子夏有一缺点：比较吝啬。如果我向他借伞，他勉强借给我，这不就是把他不愿意的事情强加给他了吗？如果他不借给我，大家就会觉得这个人太吝啬了。所以不要向他借伞，既不让他痛苦，又可以保全他的名声。"接着孔子又说："跟人交往，一定要推崇别人的长处，掩饰他的短处，这样和别人的交往才能长久。"在公德问题上，孔子非常严格；在个人私德上，孔子极其宽容。

先恕己，才能恕人，孔子主张因材施教，他了解子夏的性格，所以不愿意去为难他。正因为我们经常在生活中遇到让自己很为难的事，所以我们才更加要有恕己之心，告诉自己别去为难别人。

　　三是如他人之心。恕即"如自己的心"，每个人通过对自己的"心"的观察，知道自己喜欢什么，不喜欢什么，进而推断他人会喜欢什么，不喜欢什么。这就是把自己当作别人。但这样还不够，还要有他人之心，把别人当作自己。这一点说起来容易做起来难。比如同情别人，在别人有困难的时候尽力帮助别人，这是我们完全可以做到的。一个无私的人，一个纯粹的人，一个心胸开阔的人，往往能够接纳并帮助比自己弱小的人，并且会感到无限的快乐。现实生活中，我们不一定能做到把任何人当作自己，但对那些你认为值得交往的朋友，那些你希望建立真正友谊的对象，则需要把他们当作自己，拿出你的赤诚、真心、热情去对待，这样的交往才一定是真挚的、恒久的、经得起考验的。说到底，把别人当作自己，讲的是真情实意。只有以诚待人，别人才能信任你，愿意和你交往，也才能发展出真挚的友情，开出友谊之花。

　　1936年，竺可桢在浙江大学任校长时，极有才气的费巩教授对竺可桢非常不满，在开教务会时，当面对他冷嘲热讽："我们的竺校长是学气象的，只会看天，不会看人。"竺可桢认为费巩"资格极好，其学问、道德、才能为学生所钦仰而能教课"，照样请他做训导处长。

浙江大学因为战争而西迁，很有侠气却又脾气暴躁的物理学家束星北却把责任算在校长竺可桢的头上。于是，他一路上跟在竺可桢的后面，数落他的种种不是。竺可桢并不辩解，也只是一笑而过。后来，尽管和束星北私交不深，竺可桢却力排众议，将他评聘为教授，并经常为保护这位有才华的教授而费尽周折。

竺可桢的做法，不但赢得了费巩和束星北的友谊，还赢得了全校师生的一致尊重，人们称他为"浙大保姆"。

因为不满，费巩对竺可桢冷嘲热讽，因为不了解事实，束星北对竺可桢大加责怪，许多人可能会因此与对方势不两立，心胸再狭窄点的，说不定会利用手中职权，剪除异己。而竺可桢却宽恕了他们的错误，并且不带任何偏见继续聘用他们。这是因为竺可桢知道，他们的不满与责怪，是出于不了解自己，并不是本质上的错误，自己如果因此记恨，受累的只有浙江大学。竺可桢用一颗宽恕之心，赢得"反对者"的悔悟，用其心胸气度化解了矛盾和冲突。

明代吕坤在《呻吟语》中说："恕人有六：或彼识见有不到处，或彼听闻有未真处，或彼力量有不及处，或彼心事有所苦处，或彼精神有所忽处，或彼微意有所在处。"这就是说，对别人见识不广、所闻不切、力不能及、情有可原、疏忽大意、有苦难言，都应怀着豁达的胸怀去宽恕。当然，宽恕也不是姑息迁就，更不能让恶行横行。所以，吕坤又说："好色者恕人之淫，好货者恕人之贪，好饮者恕人之醉，好安逸者恕人之惰慢，未尝不以己度人，未尝不视人犹己，而道之贼也。故行恕者不可以不审也。"恕要区别情况，切不能助纣为虐，纵容恶行滋长。

四、素位而行

每个人在家庭、单位、社会都充当着一个特定的角色，承担着特定的职责，这就要求我们明白自己所处的"位"。为此，《中庸》提出了"素位而行"的处世准则。素位而行，是安于本分，准确定位，努力做到德、才配位。

《中庸》第十四章说："君子素其位而行，不愿乎其外。素富贵，行乎富贵。素贫贱，行乎贫贱。素夷狄，行乎夷狄。素患难，行乎患难。君子无入而不自得焉。在上位不陵下，在下位不援上；正己而不求于人，则无怨；上不怨天，下不尤人。故君子居易以俟命，小人行险以徼幸。子曰：'射有似乎君子，失诸正鹄，反求诸其身。'"意思是说：君子安于现在所处的位置而去做应做的事，不羡慕在此之外的一切。他处于富贵地位，就做富贵者该做的事；他处于贫贱中，就做贫贱者该做的事；他处于夷狄社会，就做夷狄社会中该做的事；他处于患难环境，就做患难环境中该做的事。君子无论处于什么情况下都应安然自得。他处在上位，不会欺侮下层；他处在下位，不会攀缘上位的人。端正自己而不苛求别人，就不会有任何怨恨。对上不抱怨天，对下不责怪人。所以，君子安处于平常日子以待天命，小人却铤而走险妄图获得非分的东西。孔子说："射箭的态度很像君子的作风，没有射中箭靶，就会回到自己身上寻找自身技艺的问题。"

《中庸》讲"素位而行"，这是一个非常精辟的处世准则。我们每个人都要定好位，不错位，不越位，在其位，谋其职，找准自己的位置，做好自己的本职工作，这才是称职的人。假如自己在单位是主官，就要把方向，定战略，用好人，做监督；假如是副官，就要主动配合，补位不越位，有功不自居，建议不拍板，做一个称职的副手。很可惜的是，在现实生活中，许多人不明白自己的位置，不但"思出其位"，而且"行也出其位"，结果上下级之间、同级之间矛盾不断。

中庸要求"素位而行"，首先要找准自己的位置。"君子素其位而行"，就是说君子的行为处事，要知位、守位，不失位、不越位。总之，要牢牢守住当下的位置，在什么位置上说什么话、做什么事。就像在足球场上，前锋、后卫、守门员等都要守住自己的位置，不能上场哨音一响，十一名队员一窝蜂冲到对方的门前去，这样的球队一定会吃大亏。

在现实生活中，失位、错位、越位的现象还是比较常见的。有些人不知道自己的身份地位，有时候运气来了，意外地获得一点小成功，马上变得飘飘然，自以为了不起，变得目中无人，自作主张，失位越位，而一旦失位越位，就会酿成难以挽回的大错。所以，我们在立身处事时要特别引以为戒，守好当下的位置，不胡思乱

想，不异想天开。"素富贵，行乎富贵；素贫贱，行乎
贫贱；素夷狄，行乎夷狄；素患难，行乎患难。"对自
己有一个清晰的定位，其实不是一件很容易的事情，但
是我们如果想要在世间活得清楚、活得明白，就必须清
楚地认识自己，这就需要我们去读懂、读透自己。只有
对自己有一个清醒而透彻的了解，我们才能知道自己的
权利、责任和能力，才能坚守自己所从属的立场，做好
自己应该做的事。正如孔子所说："不在其位，不谋其
政。""思不出其位。""安分守己"是保证人际和谐的前
提，也是保证自身平安的策略。

明代有一个叫张猛男的人，嘉靖四十四年考中进
士，31岁出任广平府推官。当时，内阁首辅兼吏部尚书
高拱是张猛男的姑父，除了公事以外，张猛男对他从来
没有半点巴结的言行。高拱认为张猛男看不起自己，连
续四年不升迁张猛男的官位。后来高拱被逐出京城，原
来那些巴结逢迎高拱的人都远远躲避，只有张猛男为高
拱设宴送行，并一直送到郊外，可见，张猛男虽然有点
"傻"，却光明磊落。

张居正做了宰相后，为了拉拢张猛男，培养自己

的实力派系，擢升他为太仆少卿。可张猛男对宰相依然不巴结和攀附，张居正为此很气恼，于是就一直压制张猛男，不予升迁。后来，张居正倒台，张猛男因为与张居正没有任何瓜葛，反而被升迁为南京工部右侍郎。后来，张猛男又任户部尚书，是当时国家最高的财政长官。南京是明朝的留都，却储备耗竭，张猛男任户部尚书后，国库所存的粮食仅能维持两年的需要，张猛男勤恳操劳，不到一年的时间，使得国库的存粮可以满足七年之需。

张猛男坚持"素位而行"，对上不攀附，踏踏实实做好分内之事，保持了独立正直的人格，为后人所称赞。他去世后，南京尚书赵参鲁等奏明皇帝，称赞其一生的清忠之气。皇帝甚为感动，于是下诏，追谥张猛男为太子太保。

素位而行，心灵要纯洁，从容淡定，去除私心，一心为出。"素"为白色，中华民族的审美观念以素为雅、以纯为美。素位，就是不计较得失，用一片"素心"去待人处世。

五、孝老爱亲

孝老爱亲是儒家经常提到的处理家庭伦理关系的一个重要准则，也是中华民族的传统美德。修身、齐家、治国、平天下是君子的追求和志向。"孝"是家庭代际传承的一条道德纽带。《论语》《孟子》对孝道多有论述，《孝经》对孝道的标准提出了具体的要求，认为孝子事亲应"居则致其敬，养则致其乐，病则致其忧，丧则致其哀，祭则致其严"。这里包括子女对父母物质上和精神上的赡养。《中庸》也强调要讲孝道、爱亲人。

《中庸》对孝老爱亲作了阐述。《中庸》第十九章说："子曰：'武王、周公，其达孝矣乎！夫孝者，善继人之志，善述人之事者也。'""践其位，行其礼，奏其乐，敬其所尊，爱其所亲，事死如事生，事亡如事存，孝之至也。"意思是说：周武王与周公，算是做到天下人所推崇的孝敬了。这样的孝，指的是善于继承先人的遗志，善于延续先人的事业。在祭礼中，登上昔日祖先行祭时的位置，行祖先之礼，奏祖先之乐，敬重祖先所敬重的人，爱护祖先所亲爱的人。侍奉死者有如他在世一样，侍奉亡故的先人如同他活着一样。这便是孝敬的最高标准了。

　　虽然我们每个人对父母都心存一份孝心，然而孔子却更赞赏武王与周公之孝，认为是真正意义上的大孝。《中庸》为什么说"武王、周公，其达孝矣乎"呢？

　　我们通常认为，孝就是要对父母充满感恩与尊敬之情，自然而然地对父母又爱又敬，在日常生活上使他们衣食无忧。然而，虽然这样做也算是对父母尽了一份孝心，却不是真正的大孝。因为真正意义上的大孝不能仅限于使父母衣食无忧、心情愉悦，它还有着更为重要的内涵，那就是像孔子赞赏武王与周公时说的那样，要做到"善继人之志，善述人之事"。作为父母，最大的快乐莫过于儿女争光、争气，为国为民建功立业。

　　我们知道，周武王和周公继承了周文王未竟的事业，完成了他一生未遂的志向，他们推翻了残暴的商纣统治，最后把周朝治国、平天下的理念推广开来。周武王去世之后，周公又接着他的事业继续前行，当时天下初定，周公收拾了乱局，平定了叛乱，最后推行周礼，奠定了周朝八百年统治的基础。武王、周公充分体现了孔子所说的"善继人之志，善述人之事"这个孝道的核心精神，所以孔子由衷赞赏他们为大孝。

子思认为，身为人子，最大的孝莫过于继承先祖之志，成就其事业，完成其使命。这是孝道的最高境界。

在中国的历史上，司马迁可以说是"继志述事"的一个典范：

司马迁10岁的时候，就能诵读古文，在同龄人中显得出类拔萃，但志存高远的司马迁并未因此而满足。他在20岁时便开始出游，遍访了名山大川，在此期间，他还从民间搜集到了许多史料，为其之后的创作提供了不少的素材。他游学回来后被举荐为郎官，因其博学多才而深受汉武帝的青睐。同时，他还利用此机会遍览宫中秘史，更为广泛地搜集史料，为其日后撰写《史记》打下了坚实的基础。

然而，当司马迁开始撰写这部历史巨著的时候，李陵事件发生了。公元前100年，苏武在出使匈奴时被匈奴单于扣留。对此汉武帝大为震怒，并立即派将军李广利带兵征讨匈奴，结果双方互有胜负。到了第二年，汉武帝眼见战事旷日久未果，又派骑都尉李陵（西汉名将李广之孙）率五千步军深入匈奴后方作战。不过，李陵为人虽然英勇善战，但他孤军深入，在与匈奴骑兵鏖战数日后，终因粮草断绝且无援兵救助而兵败投降。

朝野上下对此事议论纷纷，汉武帝要责罚李陵。司马迁为人正直，并没有趋炎附势，而是为李陵辩护，结果触怒了汉武帝，被处以腐刑。而司马迁在身陷囹圄之后，也曾想过一死了之。但他一想到自己还未完成父亲交给自己的事业，若自己就此丧生的话，那将是大不孝。

在经过了无数个日夜的痛苦煎熬之后，司马迁终于悟出了"人固有一死，或重于泰山，或轻于鸿毛"的道理，同时他又联想到周文王曾被纣王关在羑里，而在狱中写下了《周易》这部书；一生困厄不得志的孔子，即便面对重重阻挠，依旧孜孜不倦地教育学生，并且写下了《春秋》一书传于后世；还有在失明后仍坚持作《国语》的左丘明，以及遭好友陷害而遭受膑刑的孙膑，仍能忍辱负重为后人留下著名的《孙膑兵法》。这些先贤无一不是在身处逆境的情况下，历经艰辛磨难而有所大成的。在想通了这些以后，司马迁便决心以先贤为榜样，抛弃个人的悲痛与屈辱，效法先贤，以实现父亲的遗愿。

虽然腐刑给司马迁的身心带来了极大的伤害，但他忍辱负重，以巨大的毅力忍受着朝廷上下投来的鄙视与嘲讽的目光，历经十数年，终以自己的心血和汗水完成了《史记》这部空前伟大的历史巨著，为后人留下了一笔宝贵的文化遗产。

六、知耻近勇

耻，指羞愧、屈辱的一种情感状态。耻感，是人们按照社会道德标准评价别人言行或反省自身言行而产生的羞辱心理。孟子说："无羞恶之心，非人也。"羞耻是人的本性和特征之一。

"金无足赤，人无完人。"在漫长的人生中，我们难免会犯错，难免有失误，如何对待自己的不足和失误，体现了一个人是真正的勇敢还是懦弱。《中庸》告诉我们真正的勇敢是知耻即止、改过自新。《中庸》第二十章讲到知、人、勇天下三大德时说："好学近乎知，力行近乎仁，知耻近乎勇。"意思是说：爱好学习就接近明智了，努力实践就接近仁德了，懂得羞耻就接近勇敢了。

子思在这里指出什么才是真正的勇敢，通常我们认为勇敢是临危不惧、见义勇为，其实知耻更是勇敢。孟子在《尽心上》中说："人不可以无耻。无耻之耻，无耻也！"一个人假如丧失了耻辱感，那是什么坏事都可以干出来的。古希腊人说："对可耻的行为的追悔是对生命的拯救。"明末清初的顾炎武写过一篇题为"廉耻"的文章。该文有两句话充满哲理：一句是"盖不廉则无所不取，不耻则无所不为"，另一句是"士大夫无耻，是谓国耻"。为什么有些人丧失了耻辱感呢？原因在于不知自爱，不讲自尊，只讲实惠，只要利己，便把名声丢到九霄云外。不知羞耻的人往往胆大妄为，什么无耻的事都干得出来。现代有学者说："羞耻心是所有品德的源泉。"

春秋战国的时候，鲁国的季文子（即季孙行父）是宣公与成公的国相，但他的婢女不穿绸缎，他不给驭马喂粮食。惹得旁人劝告文子："您身为鲁国上卿，给两位君主当过国相，而婢女没有绸缎，驭马不吃粮食，别人不仅会认为你为人小气，也会使国家脸上无光。"文子不以为然："我何尝不想让婢女穿得好，让马吃得好，但是我看见国都的人民，有不少父兄吃得粗糙穿得破旧，怎么敢随心所欲？做国相要知荣辱懂羞耻，我只听说道德高尚才可以为国争光，没有听说因婢女穿得华贵、驭马吃得精细，能给国家带来光彩的。"

　　季文子这番话不仅说明他关心人民疾苦，不攀比，不羡慕奢侈，还反映出他心中清楚何为荣誉、何为羞耻。因为知耻，其行为有所规范，做事讲究原则。文子心存耻感和不让国家蒙羞的畏惧，做到了严格的自律。人与动物的区别之一，就是有羞耻感。真正懂得廉耻的人，一般不会有意做越轨的事情。

　　知耻，首先要珍惜自己的形象。俗话说："树要皮，人要脸"，对不雅的言谈举止，有损自己形象的行为，都应感到羞耻。其次要勇于认错。错误并不可怕，可怕的是不敢认识错误。犯了错误，怕丢面子，怕名誉受损，怕承担责任，拼命去掩饰，这无异于犯更大的错误。再次要勇于改过。"知耻后勇"，勇于面对，敢于改正，这才是真正的勇敢。

　　圣雄甘地是印度最伟大的政治领袖，他是一个"知耻后勇"的人。一天，有位妇人带着她不到10岁的儿子找到甘地，苦恼地说："我这孩子都要上中学了，可他仍然嗜糖如命，经常上火咳嗽，满口蛀牙也不顾。他最崇拜您，肯定听您的话，您能帮我劝劝他吗？"甘地有些诧异，但还是谦和地说："你们下个月再来吧！"

妇人心中颇为不解。一个月后，妇人再次带着孩子来找甘地。甘地正在客厅跟一群人谈论政事，看见母子二人，便立即起身走过来，摸了摸孩子的头，说："你就快长成大人了，该好好听妈妈的话，少吃点糖。"孩子用力地点了点头。甘地又与他交谈了几句，这才准备挥手告别。妇人忍不住问："为何您上个月不肯教导他，非要推迟到今天呢？"甘地没作回答，径直走进房间取出一包糖，分给了大家："以前我也很爱吃糖，可这位夫人告诉我多吃糖不好，所以我已经戒掉了。这是我之前的糖，现在分给大家，每个人都不要多吃啊！"甘地这才回头看着妇人，说："上个月我都还没有戒掉吃糖的习惯呢，哪有资格教导你的孩子？"甘地认为，要教育好他人，首先要从自身做起，自己也有不好的毛病，只有改正了，才能教育别人。一个人只有先改变自己才能改变世界。

七、敦厚崇礼

人生活在社会中，每天都有交际活动，在人与人的交往中，礼是建立和谐关系的"通行证"，也是一个人优雅形象的标志。为此，《中庸》要求我们敦厚崇礼。《中庸》第二十七章说："温故而知新，敦厚以崇礼。是故，居上不骄，为下不倍。"意思是说：温习旧有的学问并且能获得新的观点，敦厚自己的言行并且由此推崇礼仪的价值。因此之故，居上位不会骄傲，处下位不会背叛。

我国古代的礼法制度实际上是一种行为规范，是血缘宗法社会产生的一套非常严密的社会等级秩序。它虽然不是现代意义上的法，却高于法，也可以说现在的法是"条文之法"，而古代的礼法是"内心之法"。上至皇亲国戚、文武大臣，下至平民百姓、奴仆婢役，都有各自的礼仪要求，他们的日常行为举止、饮食起居乃至衣冠服饰都有严格的规定。人们的社会生活纷繁无比，"法"无法包罗万象，"礼"却可轻易将其悉数囊括其中。

《晏子春秋》里有这样一句话："凡人之所以唯贵于禽兽者，以有礼也。"也就是说，人区别于动物最重要的特征就是懂得何为"礼"，人因懂"礼"而变得高贵，才能从低级动物中脱离出来。可见，一个人是否懂"礼"与守"礼"，是人之为人的一个重要标志。

以礼敬于天，天就会相助你；以礼敬于神，神就会保佑你；以礼敬于人，人就会服从你。其实，所谓的礼仪之教就是让我们学会尊重别人，并且把这种对别人的尊重内化到我们的人格中去。我们尊重别人，是我们的内心对自己发出的指令，是我们的良知对自己行为的要求，只有做到了这一层次，我们才能真正懂得何为"礼"。

敦厚崇礼，要以"和"为用，以"敬"为核，以"仪"为表，注重礼仪、礼貌和礼节，落实在日常生活的衣食住行和言行举止上。

八、发强刚毅

俗话说："人无千日好，花无百日红。"在人生旅途上，我们会碰到困难、挫折，甚至失败。在逆境中奋起，在挫折中坚定，关系到一个人的成功和远大目标的实现。为此，《中庸》要求我们发强刚毅。《中庸》第三十一章讲到要想达到至圣的境界，就要做到聪明睿智、宽裕温柔、发强刚毅、齐庄中正、文理密察。"发强刚毅，足以有执也。"意思是说：奋发图强，坚定不移，因而足以持守原则。

《中庸》第二十章说："人一能之，己百之；人十能之，己千之。果能此道矣，虽愚必明，虽柔必强。"意思是说：别人一次就办到的，我就算做一百次也要办到；别人十次就能办到的，我就算做一千次也要办到。如果采取这种办法，再怎么愚笨的人也一定会变得明智，再怎么柔弱的人也一定会变得刚强。

什么才是真正的强，不同的人会给出不同的答案，可以说是"仁者见仁，智者见智"。有的人认为不向困难低头，不屈服于一切才是强；有的人认为能屈能伸，随机应变，明哲保身，这样的强是真正的强；还有人认为真正的强是一种内心的强大，而不是一种外在的强，是一种坦然达观的心境，是一种"不以物喜，不以己悲"的从容境界，可以做到"宠辱不惊，看庭前花开花落；去留无意，望天上云卷云舒"。此外，为我们所熟知的还有孟子所说的大丈夫应有的刚强品格，那就是"富贵不能淫，贫贱不能移，威武不能屈"。

面对困难、挫折、苦难，通常有两种选择：一种是退缩、畏难、逃避甚至放弃信仰，丧失自信，从此自暴自弃、怨天尤人，感叹天道不公、运气不好，这其实是弱者的表现；另一种是愈挫愈勇，屡败屡战，坚定信仰，坚韧不拔，不达目的决不罢休，这就是强者的表现。

那么，什么才是发强刚毅呢？

第一，必须刚柔相济。一味的刚，容易折断，因此是脆弱的，只有刚中有柔才是有耐力的。这是中庸智慧的体现。在孔子看来，强悍勇武、征战杀伐不能解决所有问题，虽然敢于英勇赴死、置生死于度外是一种勇敢，但也不能使人永远立于不败之地。因此，孔子更为赞赏和推崇南方之强，他认为南方之强更合乎自然之道，也更接近中庸的深刻内涵，所以才是一种真正意义上的强，是仁人君子应该学习和秉持的处世原则与道德修为。

第二，必须战胜自己。老子在《道德经》中讲："胜人者力，自胜者强。"意思是说：战胜别人，叫作有力；战胜自己，叫作坚强。在一个人的发展历程中，有着两种超越，一种是对他人的超越，另一种是对自己的超越。一个人经过不懈的努力，超越他人往往容易做得到。但超越自己，克服自身的劣根性，往往比超越他人更艰难。因为这需要很强的自制力和毅力，需要战胜自己的欲望和贪念，需要克服长期形成的习惯。正如王阳明先生所说："破山中贼易，破心中贼难。"我们说曾国藩是一位强者，是因为他有着很强的自制力。曾国藩曾是一个烟瘾很重的人，但他决心戒烟，便把烟枪折断了，从此不再吸烟。

第三，必须奋斗不息。中国的神话故事大都表现了中华民族自强不息、艰苦奋斗的精神。面对自然灾害和恶劣环境，我们的先民战天斗地、绝处逢生。从神话"盘古开天""女娲补天""愚公移山""后羿射日""精卫填海"，到炎帝斫木为耒耜、课民农桑，黄帝教民养蚕、制作舟车，尧帝设官定历、率民战胜旱灾，塑造了一个个与大自然抗争的典型形象。在生活中，我们难免会碰到这样或那样的不如意，都会经历这样或那样的不顺心，悲欢离合乃人之常情。面对困难和挫折，穷达生死，挫而复起，敢于与命运抗争，这也是强者的表现。

第五讲　中庸的处世方式

　　中庸不但是一种价值理念、道德情操，也是一种辩证的思维方式和处世方式，它与马克思主义的对立统一、质量互变、否定之否定有异曲同工之妙，为我们提倡了一种全面、系统、联系的思维，教会我们一种超越的、创新的思维，使我们变得聪明，从拥有知识变成拥有智慧。

　　恩格斯说："一个民族想要站在科学的最高峰，就一刻也不能没有理论思维。"中庸是一种蕴含极高智慧的思维方式，教会我们多维度地思考、观察问题，巧妙地处理问题。为此，可以说中庸是极高的处世法门。

　　下面分析中庸的辩证思维方式和处世方式。

一、用中

　　中庸要求处世"即其两端而用中""致中和"，这充分体现了对立统一的规律。中庸并不否认矛盾、差异和必要的斗争，它本身就是矛盾的统一体，注重把矛盾、差异和斗争限定在相互依存的"中和"的统一体中，防止因过度的矛盾冲突而破坏不同事物共同存在的统一体基础，使得事物的发展停滞不前。孔子认为要保持事物的稳定性，就要避免造成对立双方的博弈，防止"过犹不及"，无论在思想领域还是在日常生活中，都应如此选择。

首先，"用中"必须保持中道。中庸认为假如离开了中道，不论如何平衡都会有偏差。

有一天，苏格拉底遇到一个年轻人正在向众人讲述"美德"。苏格拉底听了半天也没听明白，就问年轻人："请问，究竟什么是美德？"年轻人不屑地看着苏格拉底说："不偷盗、不欺骗等品德就是美德啊！"

苏格拉底说："我在军队当过兵，有一次，接受指挥官的命令深度潜入敌人的营地，把他们的兵力部署图偷了出来。请问，我这种行为是美德还是恶德？"

年轻人犹豫了一下，辩解道："偷盗敌人的东西当然是美德。我说的不偷盗是指不偷盗朋友的东西。"

苏格拉底又问："还有一次，我的一个朋友遭到了天灾人祸的双重打击，对生活失去了信心，他买了一把尖刀藏在枕头底下，准备在夜里用来结束自己的生命。我知道后，便在傍晚时分悄悄溜进他的卧室，把他的尖刀偷出来，使他免于一死。请问，我这种行为是美德还是恶德？"

年轻人一时语塞。

评判美德与恶德时，首先要看其出发点，然后是过程和结果。离开了中道，就分不清是非、对错、好坏。

其次，"用中"必须寻求"中和"的状态。中庸思想承认不同，承认事物存在两个对立面，如阴阳、义利、黑白等，但它们不是绝对对立、水火不相容的，既有对立的一面，也有调和的一面，只要找到它们的平衡点，寻求最大的公约数，就可以使之和谐地、有机地结合为一体，获得双赢。

如在对待祖国统一的问题上，邓小平创造性地提出了"一个国家，两种制度"的构想，作为解决台湾问题和香港问题，实现祖国统一大业的途径。他明确指出，"一国两制"要讲两个方面：一方面，社会主义国家里允许一些特殊地区搞资本主义，不是搞一段时间，而是搞几十年、成百年；另一方面，也要确定整个国家的主体是社会主义。香港和澳门的胜利回归，都证明了这一构想的现实性和可行性。这种思维方法在强调"和"的同时又没有放弃"争"，在显示"柔"的同时又蕴含着"刚"，是中庸思想中矛盾的对立统一这一辩证唯物主义思想的充分实践。

最后，"用中"必须作出"适中"的抉择。"中庸"

落实到"用"上，用于抉择，要有判断、权衡、取舍和决断。"适中"的抉择要权衡"两端"之间的多种可能性，不可执于"一端"，执于私见。要因地制宜，适时而变，善变而通。在现实生活中，"适中"表现为"妥协"和"让步"。既要勇于斗争，争取利益的最大化，又要适当地妥协。比如在与他人做生意的时候，适当地让利，更能巩固伙伴关系，更能长久地交往。这就是既竞争又合作。假如交易双方互不让利，其结果必然两败俱伤。俗话说"困兽犹斗"，假如把对方逼得走投无路，必然会使其奋起争夺，落得个鱼死网破。所以说，斗争是一种勇敢，妥协不失为一种智慧。这就是"中庸"的法门。

二、适度

"中者，不偏不倚、无过不及之名"，《中庸》对"中"的诠释就包含着"适度"这一原则，恰如其分，恰到好处。在孔子看来，只有舜做到了"执其两端，用其中于民"，所以舜才成为圣人。其中"两端"并不是指一般意义上的正反两个方面，而是"度"的超过与不及，它们都背离了"中"，是要摒弃的。孔子提出了

"过犹不及"（《论语·先进》）的概念，"过、不及、中"就是我们所谓的"度"。

对适度原则的把握在一定程度上体现了客观法则、社会规范的原则性。这是马克思主义从量变到质变的规律的体现。如水的温度超过了100℃，就会变成蒸气，低于0℃就会结冰，水的性质就发生了变化。

孔子的言行随处可见适度原则，如"君子矜而不争，群而不党"（《论语·卫灵公》）、"君子泰而不骄"（《论语·子路》）、"君子尊贤而容众"（《论语·子张》）等，它们都是在"过""不及"与"中"之间进行衡量取舍。朱熹解释《中庸》时曾说："凡其所行，无一事之不得其中，即无一事之不合理。"可见，中庸要求凡事必须掌握一个"度"。毛泽东十分推崇"过犹不及"的思想，他说："'过犹不及'是两条战线斗争的方法，是重要思想方法之一。一切哲学，一切思想，一切日常生活，都要作两条战线斗争，去肯定事物与概念的相对安定的质。"

现代经济学流行一种叫"博弈论"的理论，就是要在各点中找到一个最平衡的定位，即所谓"黄金分割点"。多一点过头，少一分不足，贵在"适度"。如饮食不能暴饮暴食，也不能几天不吃饭，每餐七成饱是最科学的；工作要张弛有度、劳逸结合，如果超过了身体的承受程度，必然会造成疾病，导致"过劳死"。

适度是一种思想境界。适度源于对个人私欲的节制，由于淡泊名利，不会对功名利禄无节制地索取，能做到"功成身退"，因此平安、吉祥。相反，有些人贪婪无比、永不知止，不断索取财富，成为金钱和财物的"奴隶"，更有的贪污受贿，充当财富的"保管员"，最后落得个身败名裂的可悲下场。

适度是高超的艺术。孔子说："君子之于天下也，无适也，无莫也，义之与比。"孔子说：君子对于天下要"恪守常道"，所谓常道，就是合适的"度"。世界上的物和事，在发展的过程中，都有一个合适的"度"，物极必反，超过了这个"度"，就会走向事物的反面。正所谓"真理和谬误只有一步之遥"。孔子说的"义"，就是适宜的意思。一个有智慧的人，是在适宜的时间，找适宜的人，做适宜的事。适度，就是恰到好处，有分寸，不走极端。

《周易》中说，圣人"知进退存亡而不失其正"。在自己能力不足的时候要学会韬光养晦，蓄积力量。在飞黄腾达的时候要懂得适可而止，以免乐极生悲。

《周易》认为，高明的人做事没有一定的章法，唯一的一点就是要根据事物的形势，不断变化，掌握一定的分寸。高明的人知道什么时候前进、什么时候退守，这就是圣人的做法：能大能小，能屈能伸，能隐能现。

历史上，因为不懂得掌握分寸而失败的例子比比皆是。范蠡和文种是帮助勾践灭吴的两大功臣。勾践灭了吴国，开庆功大会，范蠡已经带着西施，隐姓埋名跑到齐国经商了。范蠡走前，留给文种一封信，说："飞鸟打光了，好的弓箭该收藏起来；兔子打完了，就轮到把猎狗烧来吃了。越王这个人，可以跟他共患难，不可以共安乐，您还是赶快走吧。"文种不信，依然享受高位，结果有一天，勾践派人给他送来一把剑。文种一看，正是当年夫差叫伍子胥自杀的那把宝剑。他悔恨万分，最后自刎而死。

反观之，历史上有所成就的人，无不是把握分寸、掌握火候的高手，如郭子仪、曾国藩等，可见分寸与节度对人生的重要性。

适度是一种成功。智慧的人懂得适度，愚蠢的人败在过度。《黄帝内经》开篇指出了一个重要的道理：人的寿命与分寸和节度有关。

黄帝问他的老师岐伯:"我听说上古时候的人,年龄都能超过百岁,动作灵敏;现在的人,年龄刚至半百,就衰弱了,这是由于时代不同,还是因为今天的人们不会养生呢?"

岐伯回答:"上古的人懂得养生之道,能够取法天地阴阳自然变化之理,饮食有节制,作息有规律,既不过度操劳,又不过度纵欲,所以能够形神俱旺,协调统一,颐养天年。"

岐伯对比上古之人与后来的人,他说,现在的人把酒当水浆,滥饮无度,使反常的生活成为习惯,醉酒行房,因恣情纵欲而使阴精竭绝,因满足嗜好而使真气耗散,不知谨慎地保持精气充足,不善于统驭精神,而专求心志的一时之快,丧失人生乐趣,起居作息毫无规律,所以到半百之年就衰老了。

可见,在岐伯眼里,人只有在有节度的生活中才能颐养天年。分寸和节度,是养生的第一妙法。

人的生活要是失去了分寸和节度,只靠药物和补药养生，那就真是舍本逐末了。所以《黄帝内经》一开始指出这一点，就是要人明白，任何药物、医术都不能代替有节奏、有分寸的生活。

人生好在适度。适度的饮食才能滋养身体，过了必对身体造成伤害。说话做事也无不如此。

三、权变

孔子在《论语·子罕》中说："可与共学，未可与适道；可与适道，未可与立；可与立，未可与权。"意思是说：有的人可以一起学习，但未必可以一起求道；有的人可以一起求道，但未必能一起成事；有的人可以一起成事，但未必能一起权变。孔子认为"权"是更高的智慧。孔子重权"变"，审时度势，也就是"时中"。"君子而时中"，"时"在中庸思想中是一个非常重要的因素，要想真正达到中道，就必须合时宜，必须权变，讲究矛盾的特殊性，具体问题具体分析，对不同矛盾区别对待。真正的"中"是变化的、动态的，确切地说，就是"时中"，做到了"时中"，也就把握好了这个度，就是道权达变。

孔子深懂《中庸》的奥秘，善于道权达变，有几个故事讲的就是孔子的权变：

曾点、曾参是父子关系，他们都是孔子的学生。曾参是有名的大孝子，临死前还叫人看看自己的身体、手脚有没有坏掉，要是坏掉了，就是不孝，就是对不起父母，因为身体发肤受之父母。

有一天曾参在田地里干活，笨手笨脚地把禾苗锄掉了，曾点勃然大怒，拿起棍子狠揍曾参，曾参恭恭敬敬地站在那里也不躲，结果被打晕过去了。一会儿曾参醒过来，还恭恭敬敬地对父亲说："儿子不孝，惹您生气了。"

但是孔子听了这件事，大骂曾参，为啥呢？孔子说："你父亲下狠手打你，有可能把你打死，如果把你打死，你父亲就会犯罪坐牢，即使不把你打死，打伤了他也会伤心，也是一个过错。他打你，你就应该躲避，这才是真正的孝。你以为不躲避就是孝，那反而是在怂恿你父亲犯错，这是最大的不孝。"可见曾参就没有掌握好中庸之道，他太固执和呆板了。

　　孔子有个学生叫宰我，是个不安分的学生，经常问一些让孔子啼笑皆非的问题。有一次，宰我又来问孔子："仁者，虽告之曰：'井有仁焉。'其从之也？"意思是说："老师啊，你说仁人志士'无求生以害仁，有杀生以成仁'，那我碰到一个仁人志士，跟他说：'井里面有仁义在，你跳进去吧！'你说他应该跳吗？"这问题有些刁钻，但孔子还是耐心地回答了宰我："何为其然也？君子可逝也，不可陷也；可欺也，不可罔也。"意思是说："怎么能这样呢！君子可以被摧折，但不可以被无辜陷害；君子可以被欺骗，但是不可以被愚弄。"

　　儒家教导人们要做好人，要为了仁义不惜付出自己的生命，但是，按照中庸之道，凡事都需独立思考，保持灵活、机智。

　　扶苏是秦始皇的长子，年少时的扶苏机智聪颖，生就一副悲天悯人的慈悲心肠，因此在政见上，经常与暴虐的秦始皇背道而驰。他认为天下未定，百姓未安，反对实行"焚书坑儒"和"重法绳之"等政策。秦始皇认为这是扶苏性格软弱所致，于是下旨让扶苏协助大将军蒙恬修筑万里长城，抵御北方的匈奴，希望借此培养出一个刚毅果敢的扶苏。

几年的塞外征战果然使扶苏成长得与众不同，他身先士卒、勇猛善战，立下了赫赫战功，敏锐的洞察力与出色的指挥才能让众多的边防将领自叹弗如。他爱民如子、谦逊待人，更深得广大百姓的爱戴与推崇。秦始皇三十七年（前210年）冬，秦始皇巡行天下，行至沙丘时不幸病逝。秦始皇临终前，曾写玺书召令扶苏至咸阳主持丧事并继承帝位。但中车府令赵高和丞相李斯等人与秦始皇的小儿子胡亥计谋篡改始皇帝的遗诏，立胡亥为太子，继承帝位，同时另书赐蒙恬和扶苏死，并"数以罪"。见到诏书后，扶苏以为是父亲的旨意，就决定自杀。大将蒙恬毕竟经验丰富，起了疑心，力劝扶苏不要轻生："请复请，复请而后死，未暮也。"但扶苏为人宽厚仁义，不愿背礼，说："父而赐子死，尚安复请！"父亲让我死，我不能不死！旋即自杀于上郡军中。

扶苏平白无故地自杀是件极其可悲的事，虽然儒家强调"忠君孝悌"，但也不能不加思考，说死就死。就算让他自裁的人真是秦始皇，扶苏也该想一想变通之道。儒家的中庸思想其实蕴含了方圆之道，凡事都不能太过，违令不遵自然是不忠的，但唯命是从也是愚蠢的行为。只有心中有度量、有原则，懂得变通，知道什么事情应该做到什么程度，才真正符合中庸之道。

有一则事例可以很好地诠释原则与变通之间的关系。

北洋时期有一对父子兵，父子俩长期在各个军阀的队伍里当兵，成了兵油子，经历大战小仗无数，身上却连个伤疤都没有留下，因为这对父子有一个绝招：装死。大炮一响，两人就躺下装死，装得无比逼真，躺着中枪的概率毕竟不高，所以尽管上头司令大帅死了好几个，他们却一直没死。用老父亲的话说："军阀混战都是狗咬狗，我们去拼命，何必呢？"后来，抗日战争爆发，父子俩的军队也被拉上了抗日前线。这一仗打得昏天黑地，在日军的炮火面前，父子俩所在的那支部队几乎全军覆没。

战斗结束后，儿子毫发未损地回来了，原来他又装死了，但是当他再去看自己的父亲时，却发现父亲已经倒在血泊当中，原来在这场战斗中，他的父亲没有装死，因为这是一场抗击侵略者的正义之战。这就是变通的中庸之道。在父亲看来，军阀混战中必须力求自保，把自己的命献给唯利是图的军阀实在太愚蠢；但是在抗日战争中，人人都有守土抗战的职责，如果再退缩，那就是卖国。相比之下，儿子的做法则是不变通，自然不算中庸之道。中庸不是要把人变成一根筋，而是要有节操、有理想，不为无意义的事情随便付出，在真正的道义面前能够毅然赴死。

钱锺书先生在《管锥编》中说："'权'乃吾国古伦理学中一要义。""权者，变'经'有善，而非废'经'不顾，故必有所不为。"通权达变是一种机智、灵活、超脱，是"从源治水"，《易经》说："变则通，通则久。""权变"要求我们改变固化的、僵化的思维，与时俱进。当然，这个"变"要"万变不离宗"，不离经叛道，"经"是原则，原则可变通而不可废，变通是为了达到"善"的目标，"权变"也要坚持"虽有不为"的底线，这才是"变权"的真经。

四、超越

《中庸》讲的"执其两端，而用其中"，不是机械地折中、调和，而是博采众长、优化组合，创造一个新的东西。这是对否定之否定规律的运用，也是超越和创新的思维在实践中的运用。

超越要求我们改变非此即彼的思维方式，其实在现实生活中，在两种不同的选择以外，还有第三个选择，这就是打破常规，把不同的东西进行新的组合，从而形成一个新的东西，这种方式在生物学上被称为"杂交"。在科学研究上，一些新学科往往是学科交叉产生的。如人工智能是计算机、数学等学科的运用。中庸这种超越实际上是一种立体的思维，是独辟蹊径、别开生面、换道超车，也是一种高超的智慧。这是一种更高明、更好的方法，启迪我们从冲突中找到一条新的出路。

可悲的是，一些人被非左即右、非此即彼的二元对立思想所禁锢，很少思考其实还有第三条路可以走。其实，勇于超越才是真正的智慧。

《中庸》的第二十章还提出了"博学之，审问之，慎思之，明辨之，笃行之"的治学方式，这也是"中庸"修炼的方法，由于篇幅的关系，不再细论。

　　让我们认真地研读《中庸》，通达修身养性之理，感悟天人合一之机，学会聪明睿智之法，在立身、处世中成为一个德慧双全的人！

.